Grundriß
des
gesamten deutschen Rechtes
in Einzelausgaben
von
Paul Posener.

8. Band.

Römischer Zivilprozeß.
Gerichtsverfassung.

Zweite Auflage.

Berlin 1905.
J. Guttentag, Verlagsbuchhandlung,
G. m. b. H.

Abkürzungen.

Ausf- = Ausführungsgesetz zu . . . . .
Band = Band des Grundrisses.
C = Strafprozeßordnung.
Einf- = Einführungsgesetz zu . . . . .
F = Gesetz über freiw. Gerichtsbarkeit.
G = Gerichtsverfassungsgesetz.
KGO = Kammergerichtsordnung.
JRA = Jüngster Reichsabschied.
Nr. = Nummer.
preuß = preußisch. . . .
R = Reichsverfassung.
S = Strafgesetzbuch.
w. o. = weiter oben.
w. u. = weiter unten.
Z = Zivilprozeßordnung.

Anfragen, Berichtigungen, Kritiken, Vorschläge für Verbesserungen werden an die Adresse der Verlagsbuchhandlung oder direkt an den Verfasser (Dr. jur. Paul Posener in Charlottenburg 4, 47 Schlüterstr. hochparterre) erbeten.

Inhaltsverzeichnis.

I. Abteilung.
Das geschichtliche Zivilprozeßrecht.

I. Kapitel.
Der römische Zivilprozeß.

I. Abschnitt.
Der ordo iudiciorum privatorum.

II. Abschnitt.
Der Prozeß vor Beamtenrichtern.

II. Kapitel.
Der geschichtliche deutsche Zivilprozeß.

I. Abschnitt.
Die Zeit bis zur Rezeption.

II. Abschnitt.
Die Zeit seit der Rezeption.

II. Abteilung.

Deutsches Gerichtsverfassungsrecht.

I. Abteilung.

Das geschichtliche Zivilprozeßrecht.

I. Kapitel.

Der römische Zivilprozeß.

§ 1. Entwickelungsstufen.

Literatur: v. **Bethmann-Hollweg**: der römische Zivilprozeß, 3 Bde., Bonn 1864—1866. **Keller**, Friedrich Ludwig von: der römische Zivilprozeß und die Aktionen in summarischer Darstellung zum Gebrauche bei Vorlesungen; 6. Auflage, bearbeitet von Adolf Wach, Leipzig 1883. — **Wlassak**, Moriz: Edikt und Klageform, eine romanistische Studie, Jena 1882; — die Litiskontestation im Formularprozesse, Leipzig 1889; — römische Prozeßgesetze, ein Beitrag zur Geschichte des Formularverfahrens, 2 Bde., Leipzig 1888 und 1891. — **Schloßmann**, litis contestatio, Leipzig 1905.

Der klassische Prozeß ist erst seit der Entdeckung der Institutionen des **Gajus** (namentlich Buch IV) genauer bekannt geworden; siehe Band I 10.

II. **Stufen des römischen Zivilprozesses.**

1. **Königsprozeß** ist ursprünglich wohl ein ungeteiltes Verfahren vor dem Könige oder dem Magistrate gewesen; allerdings behauptet Dionysius von Halikarnassus, daß schon Romulus die Teilung des Verfahrens eingeführt habe.

2. **Der geteilte Prozeß.**

a) **Der ordo iudiciorum privatorum** ist der geteilte Prozeß des klassischen Rechtes. Das Verfahren besteht aus zwei Abschnitten:

α) **Verfahren in iure**, vor dem Prozeßmagistrate, der feststellen soll, **ob ein Anspruch auf ein iudicium bestehe**; ist dies der Fall, dann ordnet der Magistrat an, **daß** vom Geschworenen geurteilt werde;

β) **Verfahren in iudicio**, vor dem Geschworenen (Laienrichter: ein einzelner oder ein Kollegium), um festzustellen, **was** geurteilt werden solle, ob also der an sich (in iure) zugelassene Anspruch begründet ist.

b) Der **Magistrat** hat freie Hand, trotz Vorhandenseins einer actio oder auch, falls eine actio nicht besteht, ein iudicium zu gewähren oder zu versagen:

α) **ius cum actione**: ein zivilrechtlicher Anspruch wird durch eine Klage geschützt;

β) **ius sine actione**: trotz des bestehenden zivilrechtlichen Anspruches wird die Klage versagt;

γ) **actio sine iure**: trotz des Fehlens des zivilrechtlichen Anspruches wird eine Klage (honorarisch) gewährt.

c) **Formen des ordo iudiciorum privatorum** sind der Legisaktionenprozeß und der Formularprozeß; der erstere ist älter, beide haben dann eine Zeit hindurch nebeneinander bestanden, endlich hat der Formularprozeß nur noch allein bestanden.

α) **Legisaktionenprozeß** ist das geteilte Verfahren mit **Spruchformeln** (carmina oder verba concepta et sollemnia, die von der Partei ausgesprochen werden);

β) **Formularprozeß** ist das geteilte Verfahren mit **Schriftformeln**, die vom Magistrate aufgestellt und der Partei gegeben werden.

3. **Die extraordinaria cognitio** ist ein ungeteiltes Verfahren vor einem **Beamtenrichter**, der den Rechtsstreit von Anfang bis zur Entscheidung erledigt.

4. **Der Libellprozeß** ist das ordentliche ungeteilte Verfahren vor dem Beamten des Kaisers, das Verfahren ist schriftlich.

III. Römische Prozeßgesetze:

1. das **Zwölftafelgesetz** ist ein Verfassungsgesetz, das auch die Grundlagen des Prozesses berührt; siehe Band **18** 8. Streitig ist die Echtheit des Zwölftafelgesetzes:

a) Ettore **Pais** (storia di Roma): das Zwölftafelgesetz sei identisch mit dem ius civile Flavianum, (siehe Band 1 8);

b) Lambert (fonction du droit civil comparé): die lex sei mit dem ius Aelianum identisch, (siehe Band 1 9);

c) **Erman, Lenel, Kipp**: an der Echtheit des Gesetzes sei kein Zweifel, vielmehr an der Art des Zustandekommens.

2. **Lex Aebutia**, etwa 150 v. Chr.

a) **Wlassak, Sohm**: die lex Aebutia sei nicht ein Verfassungsgesetz, begründe weder den honorarischen Prozeß noch das prätorische Privatrecht, beseitige weder Aktionen noch führe sie neue ein, schaffe auch nicht den Legisaktionenprozeß, sei vielmehr eine vor der Zeit Ciceros entstandene **Privatprozeßordnung**, die den aus dem römischen Fremdenrechte stammenden Schriftformelprozeß nunmehr auch für römische Bürger, fakultativ für alle zivilen und prätorischen Aktionen, als gesetzlichen Prozeß eingeführt, möglicherweise auch das Zentumviralgericht begründet habe.

b) **Puchta, Jhering, Puntschart**: die lex Aebutia sei ein Verfassungsgesetz, das dem Prätor das ius edicendi verliehen habe; die alten zivilrechtlichen Aktionen seien ihrer tatsächlichen Wirksamkeit beraubt worden; der Formularprozeß des ius honorarium sei durch sie eingeführt worden.

3. **Lex Julia iudiciorum privatorum**, wahrscheinlich von Augustus, führt den Formularprozeß als ausschließlichen Prozeß

ein und beseitigt die Legisaktionen (**ausgenommen:** der Sakramentenprozeß vor dem Zentumviralgerichte und die freiwillige Gerichtsbarkeit).

IV. Iudicium legitimum und iudicium imperio continens.

1. **Iudicium legitimum** ist der Privatprozeß nach **Volksrecht,** der in Rom zwischen römischen Bürgern unter Autorität des Prätors durch den gesetzlich vorgeschriebenen Prozeßvertrag (per concepta verba, Uebergabe der Schriftformel) begründet wird; in urbe Roma vel intra primum urbis Romae miliarium inter omnes cives Romanos sub uno iudice; **Verjährung**: 18 Monate seit Litiskontestation.

2. **Iudicium quod imperio continetur** ist als Peregrinenprozeß entstanden und sodann als summarischer Prozeß nach **Amtsrecht** in das Zivilrecht aufgenommen worden; seine Wirkungen hören mit dem imperium des ihn anordnenden Beamten auf.

V. Verhältnis des Magistrates zum Geschworenen im geteilten Verfahren:

1. Im **Legisaktionenverfahren** ist der Prozeßmagistrat gezwungen, darauf zu achten, daß der Parteivortrag genau den Worten der lex entspreche; z. B. wer wegen des Abschneidens von Weinstöcken mit einer actio de vitibus succisis klagt, statt nach dem Texte: de arboribus succisis zu klagen, wird abgewiesen. Der **Geschworene** ist dagegen freier gestellt.

2. Im **Formularverfahren** ist der Magistrat in der Gewährung des Rechtsschutzes nicht eingeengt; er kann schützen, wen und was er will. Durch die Schriftformel schreibt er dem Geschworenen genau vor, unter welchen Voraussetzungen dieser kondemnieren oder absolvieren soll. Hier ist also der Geschworene **unfrei** gestellt.

VI. Ort der richterlichen Tätigkeit.

1. **Ius** ist der Ort, an dem der Magistrat tätig wird, in iure heißt: an der Gerichtsstelle.

2. Ursprünglich kann überall mit dem Magistrate verhandelt werden; gewöhnlich in foro, unter freiem Himmel. **Später:** Sitzungen in der kaiserlichen Halle (basilica), dann in geschlossenen Räumen (auditoria).

VII. Zeit der Gerichtstätigkeit.

1. **Für die Magistrate:**

a) **dies fasti** sind etwa 40 Tage, an denen die Rechtspflege gestattet ist; hierzu kommen noch etwa 190 dies comitiales, an denen nur gerichtet werden darf, wenn Komitien nicht statthaben;

b) **dies nefasti** sind Tage, an denen Jurisdiktionshandlungen verboten sind;

c) **dies intercisi** sind Tage, an denen einige Stunden erlaubt, andere verboten sind.

2. **Für die Geschworenen** ist eine Tätigkeit untersagt:

a) an den religiösen **Festtagen;**

b) während der öffentlichen Spiele (**feriae**) im Frühjahre und Herbste.

3. **Rerum actus** ist die von Mark Aurel eingeführte Zahl von 230 Gerichtstagen.

4. Bestimmte **Tagesstunden** sind ursprünglich nicht vorgeschrieben; später ist die 3. Tagesstunde Anfangszeit.

§ 2. Die Gerichtsverfassung.

I. **Imperium mixtum cum iurisdictione** ist eine die Zivilgerichtsbarkeit mitumfassende Gewalt; sie äußert sich als:

a) **iurisdictio contentiosa**, streitige Gerichtsbarkeit in bürgerlichen Prozeßsachen, enthaltend:

α) **do** actionem et iudicem: der Magistrat prüft die Zulässigkeit der Klage und gibt ein iudicium;

β) **dico** ius: der Magistrat sorgt für die Anwendung des geltenden Rechtes;

γ) **addico** rem sive libertatem: der Magistrat führt die Vollstreckung durch.

b) **iurisdictio voluntaria**, freiwillige Gerichtsbarkeit in den Formen des Verfahrens in iure (ein iudicium ist überflüssig), z. B. **cessio in iure; Eigentum wird hierbei erworben** durch fiktive rei vindicatio, eine Servitut durch fiktive actio confessoria.

c) **dekretaler Schutz** in besonderen Fällen, z. B. restitutio in integrum, missio in bona; siehe w. u. Seite 20.

II. **Prozeßmagistrate in Rom** sind ursprünglich Könige, Konsuln, Diktatoren.

Seit der **lex Licinia**, 367 v. Chr., sind ein Prätor und kurulische Aedilen eingesetzt worden; siehe Band **18** 6.

Seit 241 v. Chr. (und bis 212 nach Chr.: lex Antoniniana) fungiert noch ein Peregrinenprätor; demnach unterscheidet man:

a) **praetor urbanus**: qui inter cives ius dicit;

b) **praetor peregrinus**: qui inter cives et peregrinos ius dicit.

III. **Prozeßmagistrate außerhalb Roms** sind:

1. in den **Provinzen**: der **Statthalter** (praeses provinciae), der die iurisdictio contentiosa gewöhnlich dem legatus proconsulis überträgt (iurisdictio mandata); den kurulischen Aedilen entsprechen **Provinzialquästoren**;

2. in den **Stadtgemeinden** sind seit der lex Rubria de Gallia cisalpina, 49 v. Chr., und der lex Julia municipalis, 45 v. Chr., für Prozesse bis 15000 Sesterzen städtische Magistrate (**magistratus municipales**: duoviri und quatuorviri iuri dicundo) zuständig; reicht ihre Kompetenz nicht aus, so ist der römische Prätor oder der Statthalter zuständig. In der Kaiserzeit wird die Munizipaljurisdiktion mehr begrenzt.

IV. **Geschworenengerichte** sind entweder mit einzelnen Richtern oder mit Kollegien besetzt.

1. **Unus iudex** ist der altrömische Einzelrichter im iudicium legitimum, für actiones stricti iuris; nach der **lex Silia** ist er für condictiones wegen certa pecunia, nach der **lex Calpurnia** für solche wegen einer certa res zuständig; eine **lex Pinaria** soll ihm Prozesse über Mobilien unter 1000 As zugewiesen haben.

2. **Arbiter** wird für iudicia bonae fidei bestellt, entweder auf Vorschlag der darüber einigen Parteien oder (bei Uneinigkeit) durch den Magistrat. **Kompetenz:** actio finium regundorum,

familiae herciscundae, communi dividundo, aquae pluviae arcendae, pro socio, rei uxoriae, tutelae.

3. **Recuperatores** sind die auf Grund von Staatsverträgen eingesetzten 3 oder 5 Richter, die wegen der meist auswärtigen Parteien und Zeugen summarisch urteilten (nicht mehr als 20 Zeugen, Urteil binnen 20 Tagen). **Ursprünglich** sind sie Peregrinenrichter; **spätere Kompetenz** auch für Römer: Statusklagen, actio iniuriarum, Popularklage wegen Grenzverrückung.

4. **Besetzung der Richterstellen:**

a) Jeder Bürger ist zur Uebernahme des **munus iudicandi** von 20 Jahren an verpflichtet.

α) **Unfähig** sind: Frauen, Personen unter 18 Jahren, Infame, Wahnsinnige, Taube, Stumme;

β) **untauglich**: wer in eigener Sache urteilen würde (inhabilis) oder befangen (suspectus) ist;

γ) **Exkusationsgründe**: Krankheit, Abwesenheit in öffentlichen Angelegenheiten, große Zahl von Kindern.

b) **Bestellung** des Richters im Einzelfalle erfolgt durch den Magistrat (iudicem dare) auf Vorschlag des Klägers (iudicem ferre); der Beklagte hat ein Ablehnungsrecht (iniquum iurare).

c) Ursprünglich werden die Richter dem **ordo senatorius** entnommen; später werden sie dem Ritterstande (**ordo equester**, seit der lex Sempronia, 122 v. Chr.), dann wieder dem **Senatorenstande** (seit der lex Cornelia iudiciaria, 81 v. Chr.) entnommen.

Richterlisten werden eingeführt durch:

α) **lex Aurelia**, 70 v. Chr.; der Prätor stellt aus den drei Dekurieen (Senatoren, Ritter, tribuni aerarii) ein **album iudicum selectorum** auf;

β) eine vierte Dekurie wird von **Augustus**, eine fünfte von **Caligula** hinzugefügt.

5. **Richterkollegien** sind die decemviri und die centumviri.

a) **decemviri stlitibus iudicandis** sind magistratus minores, die (gegen Ende der Republik) aus beiden Ständen in den Tributkomitien, und zwar zusammen mit anderen Beamten in der Zahl der vigintisexviri gewählt werden.

Kompetenz: Freiheitsprozesse, seit der lex Julia iudiciaria sind sie Vorsitzende der Kammern des Zentumviralgerichtes.

b) **centumviri** sind ein Kollegium von anfangs 105 (je 3 aus den 35 Bodentribus gewählt), seit Augustus 180 Richtern; ihr Symbol ist die Lanze (**hasta**), **daher**: iudicium hastae, hastam cogere, hastarius, hastae praeesse;

α) **Zuständigkeit**: in älterer Zeit die Sakramentensachen (außer Statussachen), später: Grundeigentums- und Erbschaftssachen, in der Kaiserzeit: Erbschaftssachen, besonders querella inofficiosi testamenti (da man den lieblosen Erblasser für geisteskrank erklärte);

β) **Urteil** ergeht in den einzelnen Kammern (vier consilia) getrennt; bei gleichem Tatbestande in den Kammern findet eine gemeinsame Verhandlung (quadruplex iudicium), dennoch aber eine getrennte Entscheidung statt.

V. **Kaiserliche Richter** (iudices) sind Beamte, die den Prozeß auch selbst entscheiden.

1. Reste der Geschworenengerichte: **iudices pedanei**; sie werden von Diokletian, 294 n. Chr., abgeschafft.

Bezeichnungen seit Diokletians Reform:

α) **magistratus** sind die Gemeindebeamten;

β) **iudices pedanei** sind Hilfsrichter.

2. **Kaiserliche Richter** sind:

a) **iudices ordinarii** (rectores provinciarum) sind zuständig:

α) in **erster** Instanz für Zivilprozesse der höheren Wertklasse und für die Rechtsstreitigkeiten der eximierten Personen (Stadtgemeinden und Senatoren in der Provinz);

β) in **zweiter** Instanz für die Entscheidung über Rechtsmittel gegen Urteile der Magistrate und Defensoren in geringfügigen Rechtsstreitigkeiten.

γ) Der **praefectus urbi** ist ein iudex ordinarius für Rom; er ersetzt zum großen Teile den praetor urbanus, der zur Zeit Justinians nur noch für freiwillige Gerichtsbarkeit, Vormundschafts-, Wiedereinsetzungssachen und Freiheitsprozesse zuständig ist.

b) **iudices sacri** sind die höchsten Richter, die an Stelle des Kaisers (vice sacra) die höchste Gerichtsbarkeit pflegen.

α) **Zuständigkeit**: in erster Instanz wie der Kaiser selbst; in zweiter Instanz für Appellationen gegen Urteile der iudices ordinarii.

β) Iudices sacri sind die **praefecti praetorio**; ihre Urteile sind inappellabel. Bekannte Präfekten: Papinian, Ulpian, Paulus (siehe Band 1 10). Seit Diokletian bestehen vier Präfekturen.

γ) **Vicarii** sind die Vertreter der praefecti praetorio; ihre Urteile sind ursprünglich überhaupt appellabel, seit Justinian entscheiden sie in Sachen bis 10 Pfund Gold endgültig.

c) Richter in den **Munizipalstädten** sind die magistratus; für geringfügige Sachen werden seit dem 4. Jahrhunderte defensores bestellt.

d) Der **Kaiser** ist für die Entscheidung aller Rechtsstreitigkeiten zuständig; **Justinian** gestattet nur den personae miserabiles (Witwen, Waisen), in erster Instanz vor dem Kaiser zu klagen.

3. Wahrnehmung der Gerichtsbarkeit **kraft Auftrages**:

a) **iurisdictio delegata** ist die vom Kaiser einem Kommissar oder (seit Justinian) einem Mitgliede des Richterkollegiums übertragene Gerichtsbarkeit; weitere Delegation ist zugelassen;

b) **iurisdictio mandata** ist die vom kaiserlichen Richter einem Beamten (z. B. dem iudex pedaneus) übertragene Gerichtsbarkeit; weitere Uebertragung ist **verboten**.

4. **Sondergerichte** erster Instanz haben bestanden:

a) für den **Fiskus**: rationales (comites rei privatae);

b) für Prozesse gegen **Soldaten** sind deren Vorgesetzte (comes, dux, magister militum) zuständig:

c) **geistliche Gerichtsbarkeit:**

α) in **Religionssachen** sind die Bischöfe (audientia episcopalis) zuständig;

β) in **Zivilsachen** (siehe Band 14 81).

I. Abschnitt.

Der Ordo iudiciorum privatorum.

§ 3. Die Ladung.

I. **Ladung** (in ius vocatio) ist ein Formalakt, den der Kläger, auch **grundlos**, an der Person des Beklagten vornimmt; der Beklagte **muß** ihm in ius folgen.

a) **Zwölftafeln:**

I 1: si in ius vocat, ito. ni it, antestamino: igitur em capito.

2: si calvitur (d. h. moratur et frustratur) pedemve struit (den Fuß entgegenstemmt), manum endo iacito.

3: si morbus aevitasve vitium escit, iumentum dato. si nolet, arceram (plaustrum rusticum, ländlicher Lastwagen) ne sternito (der Beklagte kann also nicht einen gepolsterten Wagen, sondern höchstens eine Strohschütte verlangen).

b) **Ort der Ladung:** überall, nur **nicht** in der Wohnung des Beklagten; (my house is my castle; englische Habeas-Corpus-Akte).

c) **Zulässigkeit der Ladung:** gegenüber jedermann; **Ausnahmen:** Ladung der magistratus maiores ist **verboten**, die Ladung des Vaters oder Patrones ist nur mit **Erlaubnis** des Prätors statthaft.

d) Befreiung von dem Zwange, der Ladung **sofort** zu folgen, geschieht durch Stellung eines **vindex**, der für das spätere Erscheinen des Beklagten einsteht.

Zwölftafeln I 4: assiduo (dem ansässigen Bürger) vindex assiduus esto; proletario iam civi quis volet vindex esto.

II. **Vadimonialverfahren:** ist nach der Ladung die Verhandlung in iure **nicht** am gleichen Tage abgeschlossen, so stellt der Beklagte zur Vermeidung einer **neuen** Ladung ein vadimonium.

1. **vadimonium** wird durch Versprechen einer stipulatio praetoria geleistet; siehe w. u. Seite 21.

2. **Arten des vadimonium** sind: **pure** (z. B. für Grundbesitzer), cum satisdatione (mit Bürgenstellung), **eidlich**, **recuperatoribus suppositis** (sofortige Einsetzung des Geschworenen zur Ausklagung der summa vadimonii bei Nichterscheinen des Beklagten im neuen Termine).

III. **Litis denuntiatio**, von Mark Aurel (codex Theodosianus) im kaiserlichen Prozesse eingeführt, ist eine außergerichtliche Anzeige des Klägers an den Beklagten und das bindende, aber formlose Versprechen des Beklagten, im Termine zu erscheinen. Bereits im 5. Jahrhunderte wieder beseitigt.

§ 4. Das Verfahren in iure mit Spruchformeln.

I. **Allgemeiner Begriff** des geteilten Verfahrens überhaupt:

1. **Actio** (siehe Band **1** 55): nihil aliud est actio quam ius quod sibi debeatur, iudicio persequendi.

Technische Ausdrücke: agere cum aliquo gegen jemand klagen; **convenire** klagen; **conveniri** verklagt werden; **conventus** verklagt; **experiri** actione einen Anspruch gerichtlich verfolgen; **petere** klagen; **petitum** Klageantrag; **petitio** Klagerecht; **petitor** Kläger; insbesondere noch **petere** petitorisch (dinglich) klagen; iudicio teneri, in iudicium venire; iudicio obtinere.

a) Die **actio** ist die uralte, dem Gewohnheitsrechte entnommene Spruchformel; seit der Einführung geschriebener Gesetze werden die Aktionen auf die lex gestützt und heißen daher **legis actiones.**

b) Die Spruchformel muß **genau** an das Wort des Gesetzes sich anschließen, sonst ist der Anspruch nicht begründet; z. B. wenn statt arboribus succisis gesagt wird: vitibus succisis (siehe w. o. Seite 3).

2. **Voraussetzungen** des Verfahrens in iure: **der ganze Formalakt vollzieht sich in Anwesenheit des Prozeßmagistrates, der Parteien** (beider) **und des Streitgegenstandes.**

a) Die **Parteien heißen** actor (**Kläger**, qui agit) **und** reus (**Beklagten**),

α) **reus** ist ursprünglich die Bezeichnung für jeden Teilnehmer an einer Obligation, z. B. correi stipulandi (Korrealgläubiger) und correi promittendi (Korrealschuldner); sodann ist reus der Schuldner, endlich der **Beklagte** im Prozesse.

β) Bezeichnungen der Parteien **im Formulare** des Formularverfahrens sind:

aa) **Aulus Agerius**, der Reiche, der klagt (Bezeichnung des Klägers);

bb) **Numerius Negidius**, wer zahlen soll und leugnet (Bezeichnung des Beklagten).

Diese **Fiktivnamen** werden im Einzelfalle durch die Parteinamen ersetzt; anders im englischen Prozesse: John Doe und Richard Roe (bleiben in der Klage stehen).

b) **Vindiciae, Streitgegenstand, sollen anfangs in natura beim Verfahren vorliegen; später symbolisch oder überhaupt nicht.**

3. **Verhalten des Beklagten in iure:**

a) Der Beklagte **bestreitet** das Recht des Klägers: **es** kommt zur **Litiskontestation.**

b) Der Beklagte gesteht den klägerischen Anspruch zu: **confessus** pro iudicato habetur; die Vollstreckung wird mit einer actio confessoria durchgeführt.

c) Der Beklagte erscheint zwar, aber verteidigt sich nicht: er ist **indefensus**, falls er eine Pflicht zur Verteidigung hatte, und wird, ebenso wie der confessus, pro iudicato angesehen; es erfolgt ebenfalls die addictio.

d) **Ohne** den Beklagten ist eine Verhandlung im allgemeinen nicht möglich; wegen des Kontumazialverfahrens siehe w. u. Seite 19.

e) **Litiskontestation** geschieht im Legisaktionenprozesse dadurch, daß die Parteien vor dem Magistrate Zeugen aufrufen und vor diesen ihre **Spruchformeln** (carmina, verba concepta et sollemnia) aussprechen. Mit dem Aufsagen der Spruchformeln ist der Prozeß im Legisaktionenverfahren begründet. Ueber Litiskontestation im Formularverfahren siehe w. u. Seite 12.

II. **Die Legisaktionen sind:**

1. **drei Verfahrensarten:**
   a) legis actio sacramento,
   b) legis actio per iudicis arbitrive postulationem,
   c) legis actio per condictionem;

2 **zwei Vollstreckungsarten:**
   a) legis actio per manus iniectionem,
   b) legis actio per pignoris capionem.

III. Der **Sakramentenprozeß** beruht auf einer Verschiebung der Prozeßgrundlage: die Parteien wetten miteinander, wer mit seiner Rechtsbehauptung recht habe; der Prozeß entscheidet also über die Wette, d. h. mittelbar über den erhobenen Anspruch.

1. **Sacramentum** ist der von den Parteien gemachte Einsatz (Vieh, später Geld). Jede Partei schwört, daß sie recht habe: verliert sie, dann verliert sie auch das eingezahlte sacramentum.
   a) Bei Streitgegenständen von 1000 As aufwärts beträgt das sacramentum **500 As.**
   b) Bei Streitgegenständen unter 1000 As und bei Freiheitsprozessen beträgt das sacramentum **50 As.**

2. **Legis actio sacramento** kommt in zwei Formen vor:
   a) legis actio sacramento **in rem** (vindicatio sacramento),
   b) legis actio **in personam**.

3. **Legis actio sacramento in rem** ist eine doppelseitige Klage (actio duplex), bei der also Kläger oder Beklagter verurteilt werden können.

a) zunächst findet die **manuum consertio** statt:

A. bei **beweglichen** Sachen:

aa) Kläger **berührt** die Sache und spricht: hunc ego hominem (Sklaven) ex iure Quiritium meum esse aio secundum suam causam (seiner Rechtslage nach); sicut dixi, ecce tibi vindictam (mit dem Stabe) imposui.

bb) **Beklagter** tut hierauf dasselbe.

B. bei **unbeweglichen** Sachen:

aa) **Kläger** (auf dem streitigen Grundstücke mit dem Magistrate, dem Gegner und den Zeugen anwesend, — oder später: eine Scholle 2c. an Gerichtsstelle vorlegend) sagt: fundum, qui est in agro Corneliano, ex iure Quiritium meum esse aio; inde ibi ego te ex iure manum cousertum voco.

bb) **Beklagter** entgegnet: fundum . . . aio; unde tu me ex iure manum consertum vocasti, inde ibi ego te revoco (nun auch meinerseits).

cc) **Befehl des Magistrates:** suis utrisque superstitibus (den beiderseitigen Zeugen) istam viam dico (weise ich den Weg); später befiehlt der Magistrat den Parteien symbolisch: ite viam, redite viam (holet die Scholle und kommet zurück).

b) Nach der Vornahme der manuum consertio geschieht das **Friedewirken** des Magistrates: mittite ambo hominem (fundum).

Hierdurch dokumentiert der Magistrat, daß von nun an der Streit nur noch durch ihn, nicht etwa durch einen Gewaltakt der Parteien, entschieden werden kann.

c) Die Parteien setzen jetzt das **Sakrament** ein:

aa) **Kläger** fragt: postulo anne dicas, qua ex causa vindicaveris?

bb) **Beklagter** antwortet: ius feci sicut vindictam imposui;

cc) **Kläger** entgegnet: quando tu iniuria vindicavisti, D (L) aeris sacramento te provoco.

dd) **Beklagter** antwortet: similiter et ego te.

ee) Die Parteien **stipulieren** sodann das Sakrament: D (L) dare spondes? spondeo.

d) Der Magistrat **ordnet** endlich den Besitzstand für die Zeit des Prozesses.

Das geschieht, indem er derjenigen Partei den Besitz der Streitsache übergibt (**vindicias dare**), die für Herausgabe der Sache nebst Früchten an den Sieger die beste Sicherheit (praedes litis et vindiciarum) gewährt.

4. **Formen** der vindicatio sacramento:

a) rei vindicatio zur Geltendmachung des Eigentumes, insbesondere vindicatio gregis;

b) **vindicatio servitutis** (actio confessoria);

c) **actio negatoria, Eigentumfreiheitsklage;**

d) **vindicatio hereditatis** (hereditatis petitio);

e) **Freiheitsprozesse:**

α) **vindicatio libertatis** zur Geltendmachung der Freiheit: die Partei wird während des Prozesses als frei behandelt (vindiciae secundum libertatem), muß aber durch einen **assertor libertatis** vertreten sein;

β) **vindicatio in servitutem**: jemand wird als Sklave in Anspruch genommen (Prozeß der Virginia);

f) **Statusprozesse**: vindicatio patriae potestatis, vindicatio tutelae.

5. **Legis actio sacramento in personam** dient persönlichen Ansprüchen oder solchen dinglichen Ansprüchen, bei denen persönlich um das Sakrament geklagt wird.

a) **Kläger** behauptet: aio te mihi centum (100 000 Sesterzen) dare oportere (schuldig sein).

b) **Beklagter** bestreitet: nego me tibi centum dare oportere.

c) Hierauf wird das **Sakrament** eingesetzt:

α) **Kläger** sagt: quando negas .... sacramento ... te provoco;

β) **Beklagter** erwidert: quando ais ... sacramento ... te provoco.

IV. **Legis actio per iudicis arbitrive postulationem:**

a) aus Gajus sind nur die Worte des Klägers leserlich: te praetor iudicem arbitrumve postulo uti des;

b) vermutlich für **Ansprüche**, die im persönlichen Sakramentsprozesse (der nur auf ein certum ging) nicht geltend gemacht werden konnten, z. B. solche auf Teilung, Auseinandersetzung, auf ein incertum.

V. **Legis actio per condictionem:**

a) die Parteien verabreden ohne Sakrament, **am 30. Tage** vor dem Magistrate zur Bestellung des iudex zusammenzutreffen; vielleicht durch die lex Pinaria eingeführt;

b) die condictio ist wegen der Ansprüche auf **certa pecunia** durch die lex Silia eingeführt;

c) für Ansprüche auf **certa res** durch die lex Calpurnia eingeführt.

VI. **Legis actio per manus iniectionem** dient der Personalexekution.

1. **Fälle** der manus iniectio:

a) wer der **actio confessoria** (confessus in iure) unterliegt;

b) wer der **actio iudicati** (nach Erlaß eines Urteils) unterliegt;

c) wer durch ein **nexum** der Exekution sich unterworfen hat;

d) wer als Erbe ein **Damnationslegat** nicht erfüllt hat;

e) wer durch **gesetzliche** Vorschrift (z. B. bei der actio depensi ex lege Publilia und bei der lex Aquillia) pro iudicato oder als damnas erklärt wird.

2. **Hergang** bei der manus iniectio:

a) Der **Gläubiger** führt den Schuldner, falls er nicht binnen 30 Tagen seiner Verpflichtung nachkommt, **vor den Magistrat** und nimmt hier die manus iniectio **vor**.

α) **Selbstverteidigung** (manum sibi depellere) des Schuldners ist verboten; dagegen kann er durch Zahlung sich befreien.

β) für den Schuldner kann ein **vindex** auftreten, der mit dem Gläubiger prozessiert und ev. (beim Unterliegen) auf das Doppelte verurteilt wird.

γ) Später ist dem Beklagten vereinzelt, dann seit der **lex Vallia** allgemein (ausgenommen: bei actio iudicati und actio depensi) Selbstverteidigung (ohne vindex) gestattet, aber er hat bei Unterliegen das Doppelte zu zahlen: lis infitiando crescit in duplum. In der **Kaiserzeit** kann der Beklagte gegen Stellung von Sicherheit für das ev. duplum (durch satisdatio, cautio iudicatum solvi) sich verteidigen.

b) **Ductio**: **nach der** manus iniectio (wenn keine Zahlung erfolgt und kein vindex auftritt), hat der Gläubiger das Recht, den Schuldner als Schuldknecht (nexus, vinctus) abzuführen.

c) **Tertiis nundinis** (innerhalb 60 Tagen, an drei Markttagen) wird der Schuldner öffentlich ausgestellt; findet er keinen Befreier, dann kann der Gläubiger ihn trans Tiberim verkaufen oder ihn töten.

α) **Mehrere Gläubiger** können ihn zerstücken (partes secanto); nach der herrschenden Ansicht ist dieser Ausdruck nur bildlich für: sein Vermögen geht in **Konkurs**.

β) Durch die **lex Poetelia** wird die Fesselung und Tötung römischer Bürger beim nexum beseitigt, dagegen die Schuldknechtschaft erhalten.

VII. **Legis actio per pignoris capionem** dient der Realexekution.

1. **Fälle** der pignoris capio sind öffentlich rechtliche Ansprüche wegen Sold, Futtergeld, Steuern;

2. die pignoris capio geschieht **außergerichtlich**; zahlt der Verpflichtete nicht (pignus luere), dann befriedigt sich der Gläubiger an der Sache.

§ 5. Das Verfahren in iure mit Schriftformeln.

I. **Formula**, Schriftformel, ist eine in alternativer Form an den Geschworenen gerichtete Weisung des Magistrates, der zufolge der Geschworene unter bestimmt angegebenen Voraussetzungen den Beklagten zu verurteilen oder freizusprechen hat.

1. Der **Magistrat**, der das ius edicendi hat (Band 18 10), stellt Musterschemata solcher Formeln in seinem Album auf.

2. **Bezeichnung der Formel**: die Parteien erscheinen (nach der privaten in ius vocatio) vor dem Magistrate, der Kläger zeigt dem Beklagten eine der im Album aufgestellten Formeln (**erstes** edere), und damit beginnt das Verfahren in iure.

3. **Entwickelung des Verfahrens in iure**:

a) **erstes edere**;

b) **postulare**: der Kläger bittet den Magistrat, ihm die Formel zu gewähren; der Beklagte äußert sich hierzu;

c) **dare oder denegare**: der Magistrat entscheidet über die postulatio, indem er die gewünschte Formel gewährt oder versagt;

d) **zweites edere und accipere formulam**: geht der Magistrat auf die Bitte des Klägers ein, indem er dem Kläger die Formel ausschreibt und übergibt, so überreicht nunmehr der Kläger (unter Zeugenaufruf) dem Beklagten die Formel (zweites edere), der Beklagte nimmt zum Zeichen des Abschlusses des Prozeßvertrages diese Formel an (accipere iudicium oder formulam). Damit ist die **Litiskontestation** vollzogen.

4. **Theorieen über die Litiskontestation:**

a) **Keller**: litis contestatio sei die ursprüngliche Bezeichnung für das ganze Verfahren in iure; der Akt selbst sei unter dem Systeme der formulae als überflüssig weggefallen; die Bezeichnung sei dann für den bloß idealen Endpunkt des Verfahrens in iure geblieben (demnach wäre sie nicht ein Vertrag).

b) **Wlassak:** der **Prätor** habe die Vorverhandlung abgeschlossen, sobald er durch die Parteireden genügend unterrichtet gewesen sei. Er habe (abgesehen von ev. Denegation) die Formel entweder so **bewilligt**, wie der Kläger vorgeschlagen (vorläufig ediert) habe, oder aber mit den vom Beklagten erbetenen Einschaltungen und Aenderungen. Hierauf haben die Parteien die Umstehenden (als Zeugen) zur Aufmerksamkeit aufgefordert, und nun sei der **Prozeßvertrag** (litis contestatio) dadurch zustandegekommen, daß der Kläger dem Beklagten die Formel diktierte und dieser sie nachschrieb. Zur Verhütung von Fälschungen habe der Prätor dem Dekrete, daß er dem iudex sandte (iudicare iubet), eine Abschrift der Formel beigefügt.

c) **Schloßmann**: am Schlusse des Verfahrens in iure habe der Magistrat den Wortlaut der formula **mündlich** verkündigt. Der Prätor habe dann **sofort** den iudex aufgerufen, ihm die Formel in Befehlsform mitgeteilt, und nun habe unter Anwesenheit der auch schon zuvor anwesenden Zeugen der **mündliche** Formalakt des dictare und accipere iudicium stattgefunden, indem der Kläger die Formel vorgesprochen, der Beklagte sie nachgesagt habe.

5. **Postulationsfähigkeit** ist das Recht des Klägers, vom Magistrate die Gewährung der vorläufig edierten Formel zu erbitten.

a) **Erbittung der formula** geschieht:

α) durch den Kläger allein;

β) durch den Kläger unter **Beistand** (advocatus) oder durch den Kläger mit Unterstützung seines patronus oder orator;

γ) durch **Stellvertreter**, der dem Beklagten gegenüber als dominus litis (Prozeßsubjekt) auftritt; die Formel wird daher **umgestellt**: die intentio geht auf den Namen des ursprünglichen Klägers, die condemnatio auf den des Vertreters.

Zweck der Prozeßvertretung ist entweder bloße Stellvertretung (im Interesse des Vertretenen) oder Uebernahme der Prozeßobligation für eigene Rechnung (procurator in rem suam; siehe Band 1 45).

Arten der Vertretung:

aa) **cognitor** wird dem Prozeßgegner gegenüber durch verba certa et sollemnia (mündlichen Formalakt) bestellt;

bb) **procurator** wird, auch ohne Wissen des Gegners, formlos bestellt.

b) **Mangel der Postulationsfähigkeit:**

α) **postulationsunfähig** sind Personen unter 17 Jahren und Taube;

β) **postulationsfähig** nur für sich, **nicht** aber für andere sind: **Frauen** (wegen der Carfania), **Blinde** und gewisse **ignominiosi** (muliebria passus, capitali crimine damnatus, ferner qui operas suas, ut cum bestiis depugnaret, locavit);

γ) **postulationsfähig** für sich und ferner für gewisse andere sind:

aa) die **infames** (siehe Band 1 26) dürfen nur für sich und gewisse nahe Angehörige postulieren;

bb) Personen, denen das Gesetz, die Senatskonsulte, Edikte und Dekrete nur für bestimmte andere das Postulieren erlauben.

II. Gestalt der Schriftformel:

1. **Einfachste Formulierung:** die Formel enthält zunächst die Ernennung des Geschworenen (iudicis datio), dann den klägerischen Anspruch (intentio), endlich die Alternative (si paret . . . condemna, si non paret, absolve).

a) **Formelbestandteile:** eine formula wird nach Lage des Falles verschieden ausgestaltet; sie kann enthalten; intentio, condemnatio, demonstratio, adiudicatio, exceptio, praescriptio, pronuntiatio.

b) **Grundregel für die Konstruktion der Formel:**

α) **nur die intentio** ist vorhanden: bei Präjudizialklagen; die Feststellung erfolgt durch pronuntiatio; **Beispiele:** Statusklagen, Klage des Bürgen nach der lex Cicereia (praeiudicium an praedictum sit);

β) **intentio und condemnatio** haben die Klagen auf ein certum;

γ) **intentio, condemnatio und demonstratio** haben die Klagen auf ein incertum;

δ) **intentio, condemnatio, demonstratio und adiudicatio** haben die drei Teilungsklagen.

2. **Intentio** est ea pars formulae, qua actor desi-

derium suum concludit; sie enthält die Formulierung des klägerischen Anspruches in der Form der vom Kläger aufgestellten Behauptung.

Arten der intentio:

A. **intentio in ius concepta** stützt sich auf einen zivilrechtlich anerkannten Tatbestand, auf einen Satz des ius civile; sie ist **Rechtsbehauptung.**

Unterarten:

a) **in rem:** formula petitoria, die dingliche Klage. **Beispiel:** si paret, hominem quo de agitur Auli Agerii esse. **Kennzeichen:** die intentio enthält (im Gegensatze zu der intentio in personam) nur den Namen des berechtigten Klägers, da dessen dingliches Recht **gegen jedermann** sich richtet; sie ist (im Gegensatze zur legisactio sacramento in rem) rein einseitig.

b) **in personam:** condictio, die persönliche Klage; sie richtet sich gegen einen bestimmten Verpflichteten, dessen Name in der intentio genannt wird.

Unterarten:

α) **auf ein certum,** einen genau bestimmten Gegenstand; dieser kann sein:

aa) **Geld,** actio certae pecuniae creditae. **Beispiel:** si paret, Numerium Negidium Aulo Agerio centum dare oportere;

bb) **eine bestimmte Sache** oder eine bestimmte Quantität von Fungibilien, condictio triticaria. Beispiel: si paret, Numerium Negidium Aulo Agerio tritici Africani decem modios (Scheffel) dare opertere; Unterart der triticaria ist die condictio furtiva.

β) **auf ein incertum,** hier wird durch die besonders beigefügte demonstratio dem Geschworenen ermöglicht, den Betrag (ex fide bona) zu berechnen. Die **Formel** einer Klage auf ein incertum fängt mit der demonstratio an (quod . . .), an diese schließt sich die **intentio** an: quidquid ob eam rem Numerium Negidium Aulo Agerio dare facere oportet.

B. **intentio in factum concepta** stützt sich auf honorarisches Recht; da der Prätor nicht Rechtssätze schafft, sondern Rechtsschutz gewährt, enthält diese intentio den Tatbestand; sie ist also **Tatsachenbehauptung.** Beispiel: si paret Aulum Agerium apud Numerium Negidium mensam argenteam deposuisse.

C. **Gegensätze im Aktionensysteme:**

a) actio **civilis** und actio **honoraria;**

b) actio **in rem** und actio **in personam;**

c) actio **directa** (ursprüngliche Klage) und actio **utilis** (abgeleitete Klage, z. B. durch Einfügung einer fictio in die Formel, sog. **actio ficticia,** (z. B. actio Publiciana: si biennio possedisset);

d) actio **directa** und actio **contraria** bei den contractus bilaterales inaequales, siehe Band 1 40;
e) actiones **stricti iuris** (iudicia, condictiones) und actiones **bonae fidei** (arbitria);
f) actiones **stricti iuris** und actiones **arbitrariae** (bei denen, da sie auf ein restituere oder exhibere gehen, ein Zwischenbescheid, arbitratus, notwendig ist).

3. **Condemnatio** est ea pars formulae, qua iudici condemnandi absolvendive potestas permittitur. **Beispiel:** iudex N. Negidium A. Agerio sestertium decem milia condemna, si non paret absolve. Nach römischer Terminologie wird der Beklagte **freigesprochen:** im modernen Prozesse wird der Kläger **abgewiesen.**

4. **Demonstratio** est ea pars formulae quae ideo inseritur, ut demonstretur res de qua agitur; sie bezeichnet den **Klaggrund** (die rechtsbegründenden Tatsachen) und kommt nur bei den Klagen auf ein **incertum** vor. Beispiel: quod A. Agerius N. Negidio hominem vendidit.

5. **Adiudicatio** est ea pars formulae, qua permittitur iudici rem alicui ex litigatoribus adiudicare. Sie kommt bei den drei Teilungsklagen (actio familiae herciscundae, communi dividundo, finium regundorum) vor: quantum adiudicari oportet, iudex Titio adiudicato.

6. **Praescriptio** ist eine Vorbemerkung (praescribere) in der Formel, die zugunsten des Klägers oder des Beklagten aufgenommen wird.

a) praescriptio **pro actore in zwei** Formen:
   α) als **Ersatz der demonstratio,** z. B. bei der actio praescriptis verbis aus Innominatkontrakten, z. B. ea res agatur, quod A. Agerius N. Negidio centum ea lege dedit, ut Stichum manumitteret.
   β) als **Modifikation der demonstratio,** z. B. wenn die Gefahr einer Abweisung wegen pluris petitio besteht; z. B. cuius rei dies fuit.
b) praescriptio **pro reo,** die häufig zu einer exceptio geworden ist.

Beispiele:
   α) praescriptio **praeiudicii,** um zu verhindern, daß das Urteil eine — in diesem Prozesse nicht gewollte — Entscheidung über eine streitige Frage bringe (präjudiziell sei, siehe Band 1 57); z. B. ne praeiudicium fiat hereditati;
   β) praescriptio **temporis** (Verjährung).

7. **Verteidigung des Beklagten in iure.**

a) **Indefensus:** der Beklagte will in iure nicht den Prozeß aufnehmen, er verweigert das accipere iudicium; dann erfolgt nicht die Litiskontestation, aber der Prätor gewährt die missio in bona des Beklagten (siehe w. u. Seite 20).
b) **confessio in iure** (Anerkenntnis) gilt pro iudicato; die Vollstreckung wird mit einer actio confessoria erwirkt.

c) **interrogationes in iure sind Fragen, die der Kläger dem Beklagten mit Anwortzwang stellt; die Fälle sind im Edikte bestimmt.**

α) Nach **Keller** hat die interrogatio den Zweck, die Passivlegitimation festzustellen; nach **Demelius** soll sie über die ev. Uebernahme der defensio (z. B. für den defunctus, servus) aufklären.

β) **Fälle** der interrogationes in iure: Klage gegen den Erben, dessen Haftung unbekannt ist; Besitzverhältnisse des mit der rei vindicatio oder hereditatis petitio Belangten sind unbekannt; bei Noxal- und Pekulienklage.

γ) **Wirkung** der interrogatio: die Antwort des Beklagten ist für die Konzeption der Formel maßgebend (formelle Wahrheit); antwortete der Beklagte nicht oder unrichtig, so geht der Anspruch des Klägers **in solidum**, d. h. ohne irgend eine Haftungsbeschränkung.

b) **exceptio** ist formell eine Ausnahme von dem in der Formel dem Geschworenen erteilten Kondemnationsbefehle, materiell stellt sie (in der Regel) ein Gegenrecht des Beklagten dar (siehe Band **1** 56), für das der Beklagte beweispflichtig ist: excipiendo reus fit actor. Sie kommt nur im Formularverfahren, nicht im Legisaktionenverfahren vor.

α) **Inhalt der exceptio:**

aa) bei der intentio **in ius** concepta richtet sich die exceptio dagegen, daß die an sich begründete Rechtsbehauptung noch jetzt zu Recht bestehe; sie enthält also nicht solche Behauptungen, die das klägerische Recht überhaupt (oder zurzeit) nicht entstehen lassen (rechtsvernichtende oder rechtshemmende Behauptungen), sondern solche, die den zivilrechtlich entstandenen Anspruch trotz seiner gültigen Entstehung **wieder tilgen**; z. B. exceptio pacti: si non convenit, ne ea pecunia peteretur (aus dem pactum de non petendo);

bb) bei der intentio **in factum** concepta richtet sich die exceptio gegen die Tatsachenbehauptung des Klägers, sie enthält daher **alle** Behauptungen, die eine Verurteilung aus dem vom Kläger behaupteten Tatbestande vereiteln, also rechtsvernichtende, rechtshemmende Tatsachen und Gegenrechte.

β) **Arten der exceptio:**

aa) exceptio **in ius** concepta gründet sich auf einen Satz des Zivilrechtes;

bb) exceptio **in factum** concepta gründet sich auf honorarisches Recht.

γ) **exceptio doli** ist die exceptio, durch die der Beklagte gegen eine Arglist des Klägers geschützt wird.

aa) **Bei bonae fidei iudicia** ist der Schutz gegen Arglist selbstverständlich, da der Geschworene ex fide bona urteilen soll; **daher**: bonae fidei iudiciis exceptio doli inest (es bedarf keiner Aufnahme der exceptio in die Formel).

bb) **Arten** der exceptio doli:

aaa) **exceptio doli praeteriti** oder **specialis** bezieht sich auf einen bestimmten Fall der Arglist: si in ea re nihil dolo malo factum sit;

bbb) **exceptio doli praesentis** oder **generalis** bezieht sich ganz allgemein auf doloses Verhalten des Klägers; man hielt die Anstrengung einer unbegründeten Klage schon für dolos: si in ea re nihil dolo malo factum sit neque fiat.

8. **Weitere Ausgestaltung der Verteidigung:**

a) **replicatio**: der Kläger kann der exceptio des Beklagten eine replicatio entgegenstellen;

b) **duplicatio**: der Beklagte entgegnet auf die Replik mit einer duplicatio.

9. **Wirkungen der Litiskontestation:**

a) **prozessuale Konsumtion**: die Litiskontestation bewirkt den Untergang des geltend gemachten Anspruches und setzt novierend an seine Stelle die Prozeßobligation.

α) ante litem contestatam **dare** reum oportere, post litem contestatam **condemnari** oportere;

β) durch die Litiskontestation wird der Anspruch eine **res in iudicium deducta**; anderwärts kann er nicht mehr geltend gemacht werden: bis de eadem re ne sit actio.

γ) **Eintritt** der prozessualen Konsumtion:

aa) **ipso iure**: im Legisaktionenprozesse;

bb) **ipso iure**: im Formularverfahren, wenn im **iudicium legitimum** ein persönlicher Anspruch mit einer in ius konzipierten intentio verfolgt wird;

cc) nur durch Erhebung der **exceptio rei in iudicium deductae**: bei absoluten Klagen, bei einer intentio in factum concepta und bei dem iudicium imperio continens.

b) **Materielle Wirkung** der Litiskontestation:

α) der **Zeitpunkt** der Litiskontestation ist für den Umfang des Anspruches maßgebend;

β) die **Haftung** des Besitzers verschärft sich; der gutgläubige Besitzer wird bösgläubig;

γ) unvererbliche Ansprüche werden **vererblich**;

δ) die Prozeßobligation kann ein **anderes Subjekt** haben als die ursprüngliche, z. B. beim procurator in rem suam, bei den actiones adiecticiae qualitatis.

§ 6. Das Verfahren in iudicio.

I. **Verhandlungstermin:**

a) **comperendinatio**: ursprünglich kommen die Parteien am übernächsten Tage (dies comperendinus) **vor** den iudex;

b) **späterhin**: Terminsbestimmung durch den iudex;

II. **Gang der Verhandlung:**

1. **causae coniectio**: die Parteien oder ihre Vertreter stellen den Streitstand dar.

a) Gewisse **Einreden** können noch in iudicio vorgebracht werden;
b) **Beweisverbindung**: die Parteien behaupten und bezeichnen zugleich die Beweismittel (Zeugen, Urkunden, Geständnis, Eid).
c) **Eremodizialverfahren**:
  α) bei Nichterscheinen einer Partei wurde **ursprünglich** bis zum Nachmittage gewartet und dann secundum praesentem durch Versäumnisurteil entschieden;
  β) im **Formularprozesse** wird beim Ausbleiben des Beklagten **in eremodicio** entschieden: der Kläger muß beweisen, als ob alles bestritten wäre (also **nicht** wie im heutigen Versäumnisverfahren; ähnlich heute im Eheprozesse).

III. Urteil (siehe Band **1** 58):

a) **bei pluris petitio des Klägers wird der Beklagte freigesprochen**; pluris petitio bei der intentio certa **kann vorkommen**:
  α) **re**: wenn der Betrag zu hoch ist;
  β) **loco**: wenn nicht am Erfüllungsorte geklagt wird;
  γ) **tempore**: wenn vor der Fälligkeit geklagt wird;
  δ) wenn bei einer **Wahlschuld** dem Wahlrechte des Beklagten vorgegriffen wird.
b) **durch** die sententia verwandelt sich **die Prozeßobligation** in eine **Urteilsobligation; die Vollstreckung wird mit der actio** iudicati verlangt. Ueber **positive** und **negative Funktion der** res iudicata siehe Band **1** 58).
c) **poena temere litigantium**, Prozeßstrafe, im Falle des Leugnens, falls der Verurteilte dem Judikate nicht folgen will; **cautio iudicatum solvi** ist die für Erfüllung des Urteils zu leistende Sicherheit.
d) **Befriedigung nach der Litiskontestation** hat an sich keine Wirkung auf die Prozeßobligation, da der Zeitpunkt der Litiskontestation für das Urteil maßgebend ist; gleichwohl gilt:
  α) nachträgliche Befriedigung führt **bei den bonae fidei iudicia** zur Freisprechung des Beklagten;
  β) für **actiones stricti iuris**:
    aa) die **Prokulianer** verlangen Verurteilung;
    bb) die **Sabinianer** verlangen Freisprechung, denn: omnia iudicia debent esse absolutoria (d. h. aber: können zur Freisprechung führen).

§ 7. Der dekretale Rechtsschutz.

I. **Interdikte** sind Verfügungen des Prätors, die eine endgültige Entscheidung nicht enthalten (Zwischenreden des Prätors).

1. **Einteilung der Interdikte**:
a) **restitutoria** und **exhibitoria** (Herausgabe oder Vorzeigung wird angeordnet) und **prohibitoria** (Verbot);
b) **petitorische** und **possessorische**;
c) **simplicia** und **duplicia**.

2. **Verfahren beim Interdikt:**
a) Der Prätor erläßt das Interdikt auf einseitige Parteibitte.
b) Bei **Exhibition** oder **Restitution** kann der Gegner um ein **arbitrium** bitten; **es wird** dann mit einer in factum konzipierten Formel geklagt.
c) Wird im Falle zu b nicht ein arbiter erbeten, dann: **sponsio** und **restipulatio**, ferner ein **iudicium secutorium** (Cascellianum), also zwei Prozesse (eine condictio für jede Stipulation und das iudicium secutorium über das Herausgabeinteresse).
d) Beim **interdictum prohibitorium duplex** findet folgendes Verfahren statt:
 α) **fructus licitatio,**
 β) **vis ex conventu** (formaler Gewaltakt),
 γ) bei α und β je eine sponsio und restipulatio, so daß ein vierfaches iudicium notwendig ist.
e) **interdictum secundarium** ist gegen den Beklagten gegeben, der das Verfahren durch seine Weigerung (sponsio etc. zu leisten) aufhält; es führt zu sofortiger Befriedigung des Klägers.

II. Die **Einweisung** in eine fremde Sache oder ein fremdes Vermögen geschieht zur Sicherung oder Befriedigung des Berechtigten.

1. **Arten der missio:**
a) **missio rei servandae causa**: bei erblosem Nachlasse, gegen den iudicatus und indefensus, bei capitis deminutio maxima;
b) **missio ex primo** und **ex secundo decreto** bei der cautio damni infecti;
c) **zum Schutze der Vermächtnisnehmer:**
 α) **missio legatorum servandorum causa:** der bedingt eingesetzte Legatar wird, wenn der Erbe ihm nicht Sicherheit leistet, in den **Nachlaß** eingewiesen;
 β) **missio Antoniniana**: zahlt der Erbe binnen sechs Monaten das Legat nicht, so wird der Legatar in das Vermögen des **Erben** eingewiesen.
d) **missio ventris nomine** zur Sicherung eines nasciturus.
e) **Erbenschutzmittel:**
 α) **bonorum possessio (edictalis)**, Einweisung des prätorischen Erben in den Nachlaß;
 β) vorläufige Einweisung (**bonorum possessio decretalis**):
  aa) **bonorum possessio secundum tabulas** für den bedingt eingesetzten Testamentserben;
  bb) **bonorum possessio furiosi nomine;**
  cc) **missio ex edicto divi Hadriani** für den aus einem prima facie rechtmäßigen Testamente legitimierten Testamentserben;
  dd) **missio ex Carboniano edicto** für einen Unmündigen, dessen status (und damit Erbrecht) bestritten wird.

2. **Wirkung der missio:**
a) bonorum possessio edictalis und missio Antoniniana geben **Besitz**;

b) missio ex secundo decreto gibt **Eigentum**;
c) Die anderen Missionen gewähren ein **pignus praetorium** (Detention und custodia);
d) **Verfahren** bei der missio siehe Band **10** 22.

3. Abwendung der missio ist möglich durch **cessio bonorum** (freiwillige Abtretung des Vermögens): durch die cessio vermeidet der Verpflichtete die Personalexekution und die Infamie, er hat auch das beneficium competentiae.

III. **Wiedereinsetzung in den vorigen Stand** (in integrum restitutio) ist die vom Prätor gewährte Wiederherstellung eines früheren Zustandes wegen seiner (durch korrekte Anwendung des Gesetzes bewirkten) offenbaren Unbilligkeit.

1. **Voraussetzungen:**
a) **laesio,** Interessenverletzung; aber: **minima** non curat praetor;
b) **justa causa,** ein Restitutionsgrund.

2. **Restitutionsgründe** sind:
a) **dolus** (neben der infamierenden actio doli);
b) **absentia;**
c) **metus** Drohung (später dafür die formula Octaviana);
d) **error;**
e) **minor aetas** (Fall der Naturalkomputation, siehe Band **1** 50),
f) **capitis deminutio minima:** Restitution für die Gläubiger eines Hauskindes, dessen Schulden durch den Verlust des status familias untergehen.
g) **clausula generalis:** andere dem Prätor angemessen erscheinende Fälle, die im Edikte noch nicht speziell proponiert sind.

3. **Verfahren:**
a) durch prätorischen **Befehl** kann die Wiederherstellung des früheren Zustandes erwirkt werden;
b) der Prätor gibt in einzelnen Fällen eine **actio utilis** oder eine actio ficticia.

Bei **Verlust einer Klage** hilft der Prätor:
α) durch das **iudicium rescindens,** das die verlorene Klage wiederherstellt;
β) sodann durch die **actio restitutoria,** durch die das so wiedergewonnene Recht geltend gemacht wird **(iudicium rescissorium).**

IV. **Stipulationes praetoriae** sind vom Prätor anbefohlene Stipulationen (stipulationes necessariae), die er statt des Rechtsschutzes gewährt, damit daraus geklagt werden kann, oder die zur Unterstützung eines Anspruches dienen.

Arten:

1. **iudiciales,** um den Fortgang des Prozesses zu sichern; z. B. cautio iudicatum solvi, cautio ex operis novi nuntiatione;
2. **cautionales** werden an stelle der Aktionen proponiert (actionis instar habent), da sie eine actio nicht voraussetzen; z. B. cautio damni infecti, de legatis, ratam rem haberi, rem furiosi salvam fore;
3. **communes** (für beide Zwecke), z. B. die vadimonia.

II. Abschnitt.

Der Prozeß vor Beamtenrichtern.

§ 8. Grundlagen des Verfahrens.

I. **Extraordinaria cognitio** ist das ursprünglich außerordentliche, später regelmäßige Verfahren der Kaiserzeit.

1. **Gegenstand des Verfahrens:** Alimenten- und Fideikommißansprüche, Honoraransprüche der Lehrer, Aerzte, Feldmesser, Makler, ferner die Klagen aus dem kaiserlichen Rechte (ius novum).
2. Der **Kaiser** entscheidet selbst oder durch einen seiner Beamten.
3. Die Klage (persecutio) wird mündlich, später schriftlich erhoben.

a) Statt der in ius vocatio findet **denuntiatio** (Mitteilung des Klägers, siehe w. o. Seite 7), später magistratliche Ladung (evocatio) statt.

b) **Verhandlung** ist mündlich:

α) der Kläger macht den Klagevortrag (**narratio**);
β) der Beklagte entgegnet (**contradictio** oder responsio);
γ) eine Litiskontestation findet nicht statt; ihre **Wirkung** tritt ein: post narrationem propositam et contradictionem obiectam;

c) **Urteil** spricht der Magistrat selbst.

4. **Rechtsmittel:**

a) Gegen jedes Dekret eines Magistrates kann an die **par maiorve potestas** und an den **tribunus plebis** appelliert werden; dies gilt auch in der Kaiserzeit: an den **Kaiser** als Tribun (siehe Band 18 3) kann stets appelliert werden.

b) **Appellation** kann in der Kaiserzeit gegen Entscheidungen des niederen Magistrates an den höheren eingelegt werden; nur bei **Kontumaz** ist sie ausgeschlossen: contumax non appellat; **Justinian** hat die Appellation sehr eingeschränkt.

c) **supplicatio** ist ein unmittelbar an den Kaiser gerichtetes Rechtsmittel.

II. **Libellprozeß** ist der (seit Justinian) schriftliche Prozeß; der **libellus** conventionis (Klageschrift) wird dem Gerichte eingereicht.

II. Kapitel.

Der geschichtliche deutsche Zivilprozeß.

1. Abschnitt.

Die Zeit bis zur Rezeption.

§ 9. Das altdeutsche Gerichtsverfahren.

I. **Das Thing:** die Völkerschaft oder die Gaugenossen treten zu einem Thing zusammen, um die Gerichtsbarkeit auszuüben; vgl. Band **19** 4.

1. **Funktion des Thing:** das Thing berät über den Urteilsvorschlag des Richters (Hunderschaftsfürst, Priester, König, princeps); durch die Zustimmung des Thing erhält der Vorschlag Beschlußkraft.

a) **Bezeichnung** der öffentlichen Gerichtsversammlung: Thing, Ding, wark, madal, mahal, mallus.
b) **Teilnehmer** am Thing sind alle freien Mündigen.
c) **thunginus,** Vorsitzender, ist ein vom Volke gewählter Richter; an seine Stelle tritt nicht lange nach der lex Salica der Graf als Richter.
d) **rachinburgi:** das Urteil wird von sieben Rachinburgen sitzend dem Umstand (d. i. den Umstehenden) vorgeschlagen. Durch die **volbort** (Vollwort, Zustimmung) des Umstandes wird der Vorschlag angenommen.

2. **Arten des Thing:**
a) **echtes Thing** (ungebotenes) tritt regelmäßig zu den bestimmten Zeiten (**dreimal im Jahre**) zusammen;
b) **unechtes Thing** (gebotenes) tritt auf besondere Ladung (**alle 14 Nächte**) zusammen;
c) **Nachthing** wird im Anschlusse an das zu a genannte abgehalten, wenn noch Prozeßmaterial vorhanden ist.

II. **Die Exekution:**
a) ein vom Könige bestellter **sacebaro** (sagibaro) zieht die Friedensgelder ein; Vollstreckungsbeamter ist auch der Graf.
b) **Schultheiß:** nicht lange nach der lex Salica wird die Exekution vom centenarius (sculdahis, Schultheiß), einem königlichen Beamten, ausgeübt.

III. **Das Gerichtsverfahren der germanischen Zeit:**
a) **Zivilprozeß,** siehe Band **19** 6;
b) **Strafprozeß,** siehe Band **19** 6.

§ 10. Karls des Großen Reformen.

I. Reform Karls des Großen ist hauptsächlich eine **Einführung ständiger Schöffen** und eine schärfere Scheidung des gebotenen Things von dem ungebotenen.

1. **Inhalt der Schöffenverfassung:**
a) die **scabini** sind sieben ständige, auf Lebenszeit vom Grafen oder vom missus dominicus bestellte Schöffen; nur sie erscheinen im gebotenen Thing; sie sind dort Urteiler. Für die Gemeindemitglieder besteht hier keine Thingpflicht.
b) **Vergleichung der rachinburgi und der scabini:**
α) die rachinburgi wechseln, die scabini sind **ständig** und auf Lebenszeit bestellt;
β) die rachinburgi schlagen das Urteil vor, die scabini sind im gebotenen Thing **allein** anwesend und allein Urteiler; im echten Thing haben sie einen größeren Einfluß.

2. **Kompetenzabgrenzung der beiden Things:**
a) das ungebotene Thing tagt **unter Vorsitz des Grafen:**
α) **Zuständigkeit:** Kapitalverbrechen, Immobiliarklagen, Freiheitsprozesse;
β) **feste Thingstatt und -zeit;** es dauert jedesmal drei Tage.
b) das gebotene Thing tagt **unter Vorsitz des Schultheiß;**
α) **Zuständigkeit:** geringere Sachen, Zivilprozesse wegen beweglicher Sachen;
β) es wird nach Bedürfnis berufen, nach Erledigung seiner Aufgaben aufgelöst.

3. Stellung des **Grafen:** siehe Band 19 13.

II. Die karolingische Gerichtsverfassung ist für ganz Deutschland bis zum Ende des Mittelalters maßgebend geblieben; jedoch haben **partikulare** Einrichtungen und Ausnahmen bestanden:

1. **bei den Sachsen**:

a) die Gerichtsgemeinde **bleibt** auch in den gebotenen Things erhalten; die Schöffenverfassung ist in Sachsen nicht rezipiert worden.

b) **Der sächsische Schultheiß** (holsteinisch: overbode) hat die Stellung eines Beisitzers des Grafen im echten (ungebotenen) Thing; er ist der erste Urteiler, an den der Graf die Frage richtet.

2. **Gesetzsprecheramt**: der Gesetzsprecher (eosago, êsago, êsagare, asegare) schlägt das Urteil vor; er findet sich:

a) bei den Bayern und Alamannen bis zum neunten,
b) bei den Friesen bis zum vierzehnten Jahrhundert.

3. **Städte**, ursprünglich zur karolingischen Verfassung gehörig, bilden später besondere Bezirke, die zum mindesten für die Veräußerung von Grundeigentum selbständig sind.

a) Die Stadtgerichte haben einen besonderen Schultheiß.
b) Urteiler sind ein ständiges **Schöffenkollegium** oder eine ad hoc zu wählende Schöffenbank oder die Bürgergemeinde.

III. **Das gerichtliche Verfahren:**

1. **Zivilprozeß** nach Volksrecht und nach Amtsrecht: siehe Band **19** 14;
2. **Strafprozeß** nach Volksrecht und nach Amtsrecht: siehe Band **19** 14.

IV. Die karolingische Schöffenverfassung hat sich in den **westfälischen Vehmgerichten** erhalten, da in Westfalen der Stand der unabhängigen Freien am längsten bestanden hat.

1. **Oberstuhlherr** ist der Erzbischof von Köln als Herzog von Westfalen.

2. Zur **Besetzung** des Freistuhls gehören ein Freigraf, sieben Freischöffen und ein Frohnbote.

a) **Richter** ist der Freigraf, er wird vom Oberstuhlherrn ernannt und belehnt; später wird das Amt erblich.
b) **Freischöffe** ist jeder unbescholtene Freie; die Aufnahme erfolgt feierlich strenge Geheimhaltung der Verhandlung und der Namen des Richters und der Schöffen ist vorgeschrieben.

3. **Die Zuständigkeit:**

a) ursprünglich hat die Vehme nur die Blutgerichtsbarkeit im Sprengel;
b) später ist sie unbeschränkt zuständig bei Rechtsverweigerung in Kapitalsachen.
c) Ihre Jurisdiktion erstreckt sich nicht auf den Kaiser, den Oberstuhlherrn, Geistliche und Juden.
d) Seit dem sechzehnten Jahrhundert ist die Vehme nur noch für Feldpolizeisachen zuständig; 1808 ist sie von Jerome **beseitigt** worden.

§ 11. Die mittelalterliche Gerichtsverfassung.

I. **Ordentliche Gerichte** sind das Grafengericht und das Zentgericht.

1. **Grafengericht** ist das höhere Landgericht (iudicium maius, das frühere echte Thing), in dem unter Königsbann (siehe Band **19** 12) gerichtet wird.

a) **Zuständig** ist das Grafengericht für Ungerichte, die an Hals, Hand und Ehre gehen (siehe Band **19** 20), ferner für Freiheitsprozesse und alle Zivilklagen, endlich für Auflassungen, wenn es forum rei sitae ist.

Vom Niedergerichte geht der **Rechtszug** an das Grafengericht.

b) **Besetzung** des Grafengerichtes:

α) **Thingflichtig** sind alle Freien der Hundertschaft; seit dem 13. Jahrhundert auch die Ministerialen (siehe Band **19** 15);

β) **Urteilsfinder** sind sieben Schöffen; sie sind freie Grundeigentümer (partikular auch freie Herren), die vereidigt und auf Lebenszeit ernannt werden.

c) **Urteilsschelte** ist ein Gegenvorschlag aus der Gerichtsgemeinde sie ist bis zum Augenblicke der Verständigung und Erklärung des Urteils zulässig.

d) **Zeit:** das Grafengericht findet dreimal im Jahre an der Gerichtsstätte statt.

2. **Zentgericht** (Gogericht, Niedergericht, iudicium minus) **ist das frühere gebotene Thing, in dem unter landesherrlicher Gerichtsbarkeit gerichtet wird.**

a) das Zentgericht ist **zuständig** für Prozesse um Schuld und Fahrnis; ferner für Frevel, die an Haut und Haar bestraft werden (siehe Band 19 20).

b) **Besetzung** des Zentgerichtes:

α) **Vorsitzender** ist der Zentgraf, Hunne, Schultheiß (in Sachsen: Gograf), der vom Grafen oder Landesfürsten nach der Wahl der Gemeinde ernannt wird; später erfolgt Belehnung mit dem Amte.

β) **Thingpflicht** besteht im allgemeinen nur für die Schöffen; hingegen sind in Sachsen alle Freien (auch die Pfleghaften und Landsassen, siehe Band **19** 16) thingpflichtig.

c) **Zeit:** das Zentgericht findet alle sechs Wochen in der Hundertschaft statt.

3. **Hilfspersonen** der Gerichte:

a) notwendige Hilfsperson ist der **Urteilsvollstrecker** (praeco, budellus, Büttel, Frohnbote, Scherge, Waibel);

α) seine **Funktionen** sind Ladung der Parteien, Aufrechterhaltung der Ordnung, Vollstreckung;

β) er ist Beamter des Königs und wird von dem Richter und den Schöffen gewählt und sodann vereidigt.

b) private Hilfsperson ist der **Gerichtsschreiber**, ein Angestellter des Richters oder der Schöffen, dem jedoch öffentliche Bedeutung nicht zukommt.

4. Gerichte in der **Markgrafschaft**.

a) **Landgericht** ist das Gericht des Markgrafen;

b) **Niedergericht** steht unter dem vom Markgrafen bestellten **Unterrichter** (im Norden heißt er Vogt, in Oesterreich Landrichter).

II. **Das mittelalterliche Verfahren**:

1. **Verfahrensarten:** siehe Band **19** 21.

2. **Charakter des Verfahrens:** siehe Band **19** 20.

III. **Besondere weltliche Gerichte** sind:

a) **Sendgericht**: die Sendboten (missi dominici, Königsboten) bereisen das Land und richten als des Königs Delegierte, aber nur im Bedürfnisfalle.

b) **Notgericht** ist ein außerordentliches Gericht bei Abfassung des Täters auf handhafter Tat; siehe Band 19 21.

c) **Patrimonialgerichte:**

α) über Unfreie richtet der Grundherr, später dessen Gutsvogt oder Meier;

β) über Minderfreie.

d) **Immunitätsgerichte** sind besondere Gerichte als Korrelat der Freiheit von Abgaben (siehe Band 19 13). Zuständig sind sie nur an Stelle des Niedergerichtes.

e) **Lehensgerichte** und Dienstmannengerichte: Urteiler ist der Lehnsherr; ist er selbst beteiligt, dann urteilt sein Stellvertreter.

f) **Märkerthinge** sind Gerichte der Markgenossen über Angelegenheiten der gemeinen Mark und über Markfrevel.

IV. **Geistliche Gerichtsbarkeit:**

1. Entwickelung des **geistlichen** Gerichtes:

a) Durch Chlotar II. (614) ist an Stelle des Schultheißengerichtes das **Bischofsgericht** zuständig, auch wenn ein Laie gegen einen Geistlichen klagt.

b) Seit 787 erfolgt ein Sühneversuch vor dem Bischofe, bevor ein Prozeß über Grundeigentum angestrengt wird.

c) Seit dem neunten Jahrhundert finden durch Privileg **Eigentumsprozesse** vor dem Bischofe statt.

2. **Umfang** der geistlichen Gerichtsbarkeit:

a) Geistliche kommen nur vor das geistliche Gericht.

b) Geistliche Gerichte sind zuständig, sobald eine Handlung zu Religion und Kirche in Beziehung steht; also bei Verlöbnis, Ehe, Patronat, Wucher, Eid; mehr noch in Strafsachen.

c) **Richter** sind der Bischof oder die Synode.

V. **Hofgericht** (Reichshofgericht) ist das Königsgericht; es ist grundsätzlich das höchste Gericht des Reiches. Seit Anfang des 15. Jahrhunderts ist **Hofgericht** das Gericht, in dem der Hofrichter vorsitzt; dagegen heißt das Gericht, in dem der König persönlich vorsitzt, **königliches Kammergericht.**

A. **Das Hofgericht.**

1. **Besetzung** des Hofgerichtes:

a) **Richter** ist der König oder sein Stellvertreter;

α) König ist ausschließlich zuständig für Streitigkeiten der Fürsten und für Verhängung der Reichsacht.

β) **Stellvertreter** ist seit Pipin gewöhnlich der Pfalzgraf; seit 1235 (Friedrich II., Mainzer Landfriede) der **iustitiarius** curiae regis, ein ständiger Hofrichter und Beamter des Königs; er fungiert nur solange, als der König lebt.

b) **Urteiler** sind nicht bestimmt; gewöhnlich sind es Stammesgenossen oder Personen gleichen Standes (insbesondere bei Fürsten).

α) Zur Besetzung des Gerichtes gehören mindestens sieben Urteiler.

β) Seit dem fünfzehnten Jahrhundert fungieren **ständige** Urteiler mit Besoldung.

γ) Die Urteiler werden nicht besonders beeidigt.

c) **Urkundsperson** ist:

α) in der fränkischen Zeit der Pfalzgraf; bei den Karolingern ein (nicht notwendiger) Gerichtsschreiber (siehe Band **19** 13).

β) Später fungiert ein vereidigter **notarius curiae** (Hofgerichtsschreiber) zur Beurkundung der Verhandlungen, Führung der Urteilsbücher und der Achtregister. Auch diese Urkundsperson ist für die Besetzung des Königsgerichtes nicht erforderlich.

2. **Zuständigkeit** des Hofgerichts:

a) **ausschließlich** ist es zuständig bei Rechtsverweigerung, Berufung und Reklamation.

α) Bei **Berufung** ist das Hofgericht nicht zuständig, wenn ein privilegium de non appellando besteht; siehe Band **19** 16.

β) **Reklamation** ist die Befugnis einer Partei, den Prozeß vom ordentlichen Gerichte ans Königsgericht zu bringen; dies gilt ursprünglich in Sachen königlicher Benefizien, für den Fiskus und Personen unter Königsschutz; später für Reichsunmittelbare.

b) Eine **konkurrierende** Zuständigkeit des Hofgerichtes und der Landesgerichte besteht bei Evokation und persönlicher Anwesenheit des Königs.

α) **Evokationsrecht** ist die Befugnis des Königs, noch nicht rechtskräftig abgeurteilte Prozesse vor sein Gericht zu ziehen;
aa) keine Evokation besteht, wenn ein **privilegium de non evocando** gewährt ist, so insbesondere den Kurfürsten durch die goldene Bulle.
bb) das Evokationsrecht wird 1487 **aufgehoben**.

β) Bei **persönlicher Anwesenheit** des Königs kann er über alles entscheiden, was noch nicht anhängig oder noch nicht erledigt ist.

3. **Ort und Zeit** des Hofgerichtes sind unbestimmt; es kann am Königshofe, in einer Pfalz, auf Reisen, zu Anfang des Monats, der Woche oder beliebig stattHaben.

4. **Ende des Hofgerichtes** 1450, weil Friedrich III. in seinen Erblanden blieb und nicht genügend Urteiler zur Besetzung des Gerichtes fand.

B. **Das königliche Kammergericht.**

1. **Besetzung** des Gerichtes.

a) **Vorsitzender** ist der König oder an seiner Stelle der Hofmeister (siehe Band 19 17) oder ein Beamter, den der König zu seinem Vertreter bestellt.

b) **Beisitzer** sind die geschworenen Räte des Königs.

3. Das königliche Kammergericht (iudicium camerae nostrae) folgt dem Könige; seit 1450 (Friedrich III.) befindet es sich ständig in den österreichischen Erblanden.

a) **Kammergerichtsordnung** von 1471.
b) Friedrich III. kehrt sich nicht an die KGO. und erregt dadurch die Unzufriedenheit der Stände, die ein unabhängiges, mit Reichsunmittelbaren besetztes Gericht verlangen; daher erzwingen sie die Einsetzung des **Reichskammergerichtes** (1495).

IV. Gerichtsbarkeit in den **Territorien:**

1. **Königliche Landgerichte:**

a) Einzelne Landgerichte sind königlich geblieben; so besonders Nürnberg und Rotweil; ihr **Vorrecht** ist die Verhängung der Acht und eine Zuständigkeit für Prozesse aus dem ganzen Reiche.

b) **Besetzung** der königlichen Landgerichte:
α) **Richter** ist der Reichs- oder Landvogt,
β) **Schöffen** sind Reichsministeriale.

2. **Landesherrliche Gerichtsbarkeit** entsteht seit dem Erstarken der landesherrlichen Gewalt der Fürsten und Grafen.

a) Landesherrliche **Hofgerichte** sind zuständig, soweit nicht durch Evokation das Königsgericht zuständig wird.
b) **Patrimoniale Gerichtsbarkeit** ist die niedere Gerichtsbarkeit, die dem Grundherrn übertragen wird.
c) **Höchste Instanz** ist das Hofgericht und das Kammergericht des Königs, soweit nicht ein privilegium de non appellando zugunsten des Landesherrn (z. B. Kurfürsten) besteht.

3. Die **Städte** werden selbständiger und bilden über den Stadtgerichten eigene Oberhöfe; berühmt sind die Oberhöfe von Magdeburg, Frankfurt a. M., Lübeck und Iglau (letzterer besonders für Bergrecht).

2. Abschnitt.

Die Zeit seit der Rezeption.

§ 12. Gerichtsverfahren der neueren Zeit.

I. In der neueren Zeit sind als höchste und ständige

Gerichte das **Reichskammergericht** und der **Reichshofrat** eingerichtet worden.

A. **Das Reichskammergericht.**

1. **Ursache der Begründung:** auf dem Reichstage zu Worms gibt Maximilian I. auf das Drängen der Stände am 7. August 1495 den **ewigen Landfrieden**; zur Schlichtung von Streitigkeiten soll ein Reichskammergericht eingesetzt werden. Am 31. Oktober 1495 wird es in Frankfurt am Main eröffnet; Maximilian I. vereidigt selbst den ersten Kammerrichter Eitelwein von Zollern und die sechzehn Beisitzer.

2. **Besetzung des Reichskammergerichtes:**

a) **Vorsitzender** ist der Kammerrichter; (daneben fungieren Senatspräsidenten, seit 1521: 2, 1648: 4); er mußte ein geistlicher oder weltlicher Fürst sein.

b) **Urteiler** sind sechzehn (seit 1648: fünfzig); zur Hälfte sind sie Adlige, zur Hälfte Doktoren.

c) **Ernennung** des Richters (und der Präsidenten) erfolgt durch den Kaiser, die der Beisitzer (Urteiler) durch das Reichskammergericht auf Vorschlag des Kaisers, der Kurfürsten und der Kreise.

3. **Sitz** des Reichskammergerichtes befindet sich zuerst in Frankfurt am Main, später 1496 in Worms, 1503 in Regensburg, 1521 in Nürnberg, 1524 in Eßlingen, 1527 in Speier, von 1689 bis 1806 in Wetzlar.

4. **Zuständigkeit** des Reichskammergerichtes:

a) in **erster** Instanz bei Landfriedensbruch, eigenmächtiger Pfändung und Gefangennahme, Besitzstreitigkeiten Reichsunmittelbarer oder von Untertanen verschiedener Herren, ferner bei Klagen des Reichsfiskus wegen Strafen (bei Uebertretung von Reichsgesetzen oder Geboten des Kaisers).

b) in **zweiter** Instanz für die Appellation in allen Zivilsachen gegen Entscheidungen der Landgerichte und der Austrägalinstanzen; im Falle des Bestehens eines privilegium de non appellando jedoch nur, wenn iustitia denegata vel protracta vorliegt.

Summa appellabilis am Reichskammergerichte beträgt 400 Reichstaler.

5. **Verfahren** am Reichskammergerichte:

a) Verfahren im allgemeinen: siehe Band **19** 27.

b) **Revision** gegen Urteile des Kammergerichtes geht an die **Visitations-deputation;** der ursprüngliche Suspensiveffekt der Revision wird später beseitigt. Die Entscheidungen der Deputation werden gesammelt als: **Kammergerichts-Visitationsabschiede,** z. B. von 1713; außerdem haben präjudizielle Bedeutung die **conclusa pleni** (Plenarentscheidungen) und die **decreta communia** (gemeine Bescheide).

c) **Vollstreckung** der Kammergerichtsurteile erfolgt gegen Reichsunmittelbare durch die Kreise, sonst durch die Landesherren.

d) **Kosten** des Reichskammergerichtes werden ursprünglich durch Sporteln gedeckt; seit 1548 ist ein Kammerzieler (Steuer in mehreren Zahlungszielen) eingeführt worden.

6. **Kammergerichtsordnungen** von 1495, 1521 und 1555; ferner das (1603 und 1609 als Entwurf vorgelegte) Konzept der erneuerten und verbesserten Kammergerichtsordnung.

B. **Der Reichshofrat.**

1. **Gründung** erfolgt 1497 (1501) zwecks Ausübung der persönlichen Gerichtsbarkeit des Kaisers (concilium imperiale aulicum).

2. **Zuständigkeit** des Reichshofrates:

a) konkurrierend mit dem Reichskammergerichte (seit 1648) für dessen gesamte Zuständigkeit, jedoch so, daß das zuerst angerufene Gericht entscheidet;

b) ausschließlich ist der Reichshofrat für Reichslehnsachen, Kriminalklagen gegen Reichsunmittelbare (außer Landfriedensbruch) und für italienische Angelegenheiten zuständig.

3. **Reichshofratsordnung** von 1559 (Entziehung der erbländischen Angelegenheiten); Ferdinand III. gibt 1654 eine neue Ordnung.

II. **Sondergerichte** des hohen Adels (Austräge) bestehen seit dem 13. Jahrhunderte.

a) Entscheidung erfolgt durch Standesgenossen, sog. **Austrägalinstanz.**

b) Durch Kammergerichtsordnung wird das Austrägalgericht für Reichsstände und Reichsunmittelbare, soweit es nicht bereits bestand, angeordnet.

c) **Zuständig** sind die Austräge bei Klagen gegen Fürsten immer, bei solchen gegen Reichsunmittelbare nur, wenn der Kläger dem Beklagten ebenbürtig ist.

d) Die Berufung gegen die Entscheidung des Austrägalgerichtes geht an das Reichskammergericht.

III. **Landgerichte** bestehen in den Territorien, die seit 1648 zu Einzelstaaten geworden sind und daher auch in der Gerichtshoheit selbständig geworden sind.

a) Durch die Verleihung des privilegium de non appellando wird es den Einzelstaaten möglich, ein **höchstes Gericht** für ihr Territorium einzusetzen.

b) **Unterste Gerichte** bleiben überall die Patrimonialgerichte.

c) **Stadtgerichtsbarkeit** bleibt daneben selbständig bestehen.

§ 13. Der gemeinrechtliche Prozeß.

I. **Literatur und Quellen.**

a) Glossatoren: **Placentinus,** summa de varietate actionum; **Bassianus,** arbor actionum; **Odofredus,** summa de libellis formandis.

b) **Kanonisches Recht** (siehe Band 14 8), insbesondere Teil 2—4 des Corpus iuris canonici clausum (davon je der 1. und 2. Teil: iudex, iudicium); weitere Gesetze:

α) Dekretale Innozenz' III. von 1216 führt den **Gerichtsschreiber** als obligatorische Urkundsperson ein.

β) **Clementina Saepe** von Clemens V. 1306 führt die mündliche Verhandlung und die Eventualmaxime ein.

γ) **Clementina Dispendiosam** von 1311 bezeichnet die Fälle, in denen nach der Clementina Saepe zu verfahren ist.

c) **Statuten der italienischen Städte** sind von sehr großer Bedeutung für die Entwickelung der summarischen Prozesse; — hierüber besonders: **Briegleb** (über exekutorische Urkunden und Exekutivprozeß, 1845; Einleitung in die Theorie der summarischen Prozesse, 1859), **Wach** (der italienische Arrestprozeß 1868).

d) **Tancredus,** libellus ordinis iudiciarii (13. sc.). — Guilelmus **Durantis** (1237—1296), speculum iudiciale (besteht aus vier Büchern: 1. die Gerichtspersonen, 2. der Zivilprozeß, 3. der Strafprozeß, 4. de libellorum conceptione). — Jacobus **de Theramo,** lis Belial contra Christum (14. sc.); häufig nachgeahmt, so von Jacobus **Ayrer** (aus dessen Werke stammt die probatio diabolica).

e) Für gemeinen Zivilprozeß: H. **Bayer,** Vorträge über den gemeinen ordentlichen Zivilprozeß, 8. Auflage, 1858; — G. W. **Wetzell,** System des ordentlichen Zivilprozesses, 3. Auflage, 1878.

II. Reform durch den **jüngsten Reichsabschied** 1654: siehe Band **19** 28; über sächsischen Prozeß: siehe Band **19** 28.

III. **Grundzüge des gemeinen Zivilprozeßrechtes.**

1. **Maximen** des gemeinen Zivilprozesses:
a) **Schriftlichkeit** (quod non est in actis, non est in mundo);
b) **Heimlichkeit;**
c) **Verhandlungsmaxime;**
d) **Offizialbetrieb,** daneben auch für einzelne Fälle Parteibetrieb;
e) **Eventualmaxime:** sämtliche Angriffs- und Verteidigungsmittel, die demselben Abschnitte des Verfahrens angehören, müssen in omnem eventum gleichzeitig vorgebracht werden;
f) **Dezäsierungsprinzip:** das Verfahren zerfällt in streng geschiedene Abschnitte

2. **Arten des gemeinen Zivilprozesses;**
a) der **ordentliche** gemeine Zivilprozeß;
b) der **außerordentliche** gemeine Zivilprozeß;

IV. Der ordentliche gemeine Zivilprozeß hat **vier Abschnitte:** 1. Schriftenwechsel, 2. Beweisverfahren, 3. Urteil und Rechtsmittel, 4. Exekution.

1. Der **Schriftwechsel** bezweckt eine Feststellung des status causae et controversiae (des Sach- und Streitstandes).

a) **Klageerhebung** geschieht durch Einreichung des libellus conventionis beim Gerichte; in dieser Klagschrift werden das Gericht und das Rubrum (Namen der Parteien) angegeben sowie ferner:
α) der **historische Klaggrund** (fundamentum agendi remotum);
β) der **juristische Klaggrund** (fundamentum agendi proximum);
γ) der **Klagantrag** (petitum).

b) **decretum reiectorium:** der Richter weist eine ihm unbegründet erscheinende Klage zurück; die Zurückweisung kann erfolgen:
α) **ab actione,** wenn der Antrag durch das Vorbringen des Klägers überhaupt nicht zu begründen ist,
β) **ab instantia,** wenn das gegenwärtige Vorbringen mangelhaft erscheint, und zwar kann dies geschehen:
aa) **ad purificandum,** um in der Klagschrift enthaltene Beleidigungen zu beseitigen;
bb) **ad separandum,** um die zusammen vorgebrachten Ansprüche (Klagenhäufung) einzeln anzustellen;
cc) **angebrachtermaßen,** wenn die Klage formell mangelhaft ist;
dd) **zurzeit** wegen pluris petitio tempore.

c) **Prälokut:** eine nicht schlüssig begründete Klage wird dem Kläger ad emendandum zurückgegeben.

d) Erscheint die Klage begründet, so erfolgt:
α) das **Kommunikativdekret** (citatio): der Richter läßt die Klage durch den Gerichtsdiener dem Beklagten mitteilen (Insinuation); hiermit tritt die Kriegs- oder Streitbefestigung ein.
β) **Vernehmlassung** ist die Erklärung des Beklagten, falls nicht confessio oder contumacia erfolgt. Inhalt der Vernehmlassung kann sein:
aa) **negative Litiskontestation:** der Beklagte bestreitet den historischen Klaggrund;
bb) **rechtliche Gegendeduktion:** der Beklagte gibt zwar den historischen Klaggrund zu, bestreitet aber das Vorhandensein oder die richtige Anwendung des Rechtssatzes;
cc) Geltendmachung von **Einreden.**

e) **Eventuell** erfolgen noch:
α) Replik des Klägers,
β) Duplik des Beklagten.

f) Nach Aktenschluß (Verfügung, daß der Schriftwechsel aufhöre) ergeht die **Entscheidung**, und zwar:

α) ein **Endurteil**, das sachlich den Rechtsstreit erledigt oder wenn eine prozeßhindernde Einrede erhoben ist, den Kläger ab instantia abweist;

β) ein **Beweisurteil**, d. i. ein bedingtes Interlokut, in dem die Sache selbst, für den Fall des Gelingens und des Mißlingens der zu erhebenden Beweise, entschieden wird. Inhalt des Beweisurteils:

aa) **thema probandum**: es enthält die Beweissätze;
bb) **onus probandi**: es verteilt die Beweislast;
cc) **dilatio probatoria**: es regelt die Beweisfrist.

2. Das **Beweisverfahren** beginnt nach Rechtskraft des Beweisurteils; es hat drei Abschnitte:

a) **Beweisantretungsverfahren**: der Produzent bezeichnet die Beweismittel, mit denen er seiner Beweispflicht genügen will; hiergegen kann der Produkt Beweiseinreden vorbringen; über solche Streitpunkte wird durch Produktionsbescheid entschieden.

b) **Produktionsverfahren**: die Beweise werden erhoben; Beweismittel sind Zeugen, Sachverständige, Augenschein, Urkunden, Eid.

c) **Schlußverfahren**: nach einer umfangreichen Beweisaufnahme kann noch eine besondere Verhandlung über das Ergebnis der Beweisaufnahme stattfinden:

α) **Salvationsschrift** enthält eine Ausführung des Produzenten, wonach ihm die Beweisführung geglückt ist;
β) in der **Impugnationsschrift** legt der Produkt das Gegenteil dar.

3. Das **Urteil** ist ein Dezisivdekret, weil es nach kontradiktorischer Verhandlung erlassen ist; gegen das Urteil gibt es:

A. **ordentliche Rechtsmittel**:

a) **Appellation** wird binnen 10 Tagen beim iudex a quo eingelegt; in der Regel wird vom höheren Gerichte nur nachgeprüft, ob der erste Richter den vorliegenden Tatbestand richtig entschieden hat; neues Vorbringen ist nur ausnahmsweise statthaft.

b) **Revision** gegen inappellable Urteile, daher ohne Devolutiveffekt, bezweckt eine nochmalige Nachprüfung durch denselben Richter; sie wird binnen 10 Tagen eingelegt und hat Suspensiveffekt.

α) Insbesondere: Revision gegen Reichskammergerichtsurteile an die **Visitationskommission** bei einer **summa revisibilis** von **2000** Reichstalern.
β) **Aktenversendung** ist für Revisionen seitens der Schöffengerichte an die Oberhöfe üblich gewesen; durch J R A soll sie an die Juristenfakultäten (Spruchkolleg) erfolgen.

c) **Nichtigkeitsbeschwerde** (Nullitätsquerell) ist bei Formfehlern oder Verstößen contra ius clarum in thesi zugelassen.

B. **Außerordentliche Rechtsmittel** sind Beschwerde und restitutio in integrum.

4. **Zwangsvollstreckung** wegen Geld und zur Erwirkung von Handlungen; ev. Konkurs über das ganze Vermögen:

a) das **gemeine Konkursrecht** beruht auf der Verbindung zweier Systeme:

α) **System der Selbsthilfe** im römischen, langobardischen, italienischen und französischen Rechte (siehe Band **10** 22);
β) **bureaukratisches System** (so von Kohler genannt), bei dem alle

Tätigkeit durch das Gericht geschieht; insbesondere dargelegt in dem labyrinthus creditorum des Spaniers **Salgado de Samoza** († 1664).

b) **Abschnitte** des gemeinen Konkursverfahrens:

α) **präparatorisches Verfahren** zur Feststellung des Vorhandenseins der Konkursvoraussetzungen;

β) **Liquidationsverfahren** zur Feststellung der angemeldeten Forderungen; ev. kann der Rang der Gläubiger in einem besonderen Prioritätsverfahren durch Lokationsurteil bestimmt werden.

γ) **Distributionsbescheid** bestimmt, wieviel jeder Gläubiger erhält.

V. **Außerordentliche Prozesse** sind diejenigen gemeinrechtlichen Verfahrensarten, die vom ordentlichen Prozesse abweichen; sie heißen summarische Prozesse, weil sie gegenüber dem ordentlichen Prozesse beschleunigt sind.

1. Der **unbestimmt reguläre summarische Prozeß** ist ein beschleunigter ordentlicher Prozeß (also nach **Briegleb**: kein eigentlicher summarischer Prozeß), der durch Verkürzung der Fristen und Verringerung des Schriftwechsels rascher vor sich geht. Beispiele:

a) beim **possessorium ordinarium** siegt ursprünglich, wer seinen gegenwärtigen Besitz wahrscheinlich macht; später muß er jedoch sein Recht zum Besitze beweisen; daher wird eingeführt:

b) das **summariissimum:** hier siegt, wer die jüngste ruhige Besitzhandlung nachweist.

c) **provocatio ex lege Diffamari:** der Diffamat kann vom Diffamanten, der sich rühmt, gegen den Diffamaten einen Anspruch zu haben, Klage oder ewiges Stillschweigen verlangen.

d) **provocatio ex lege Si contendat:** der Provokant, der eine Einrede gegen den Anspruch des Provokaten hat, kann verlangen, daß dieser gegen ihn klage, widrigenfalls der Provokat die Einrede stets gegen sich gelten lassen muß.

2. Die **bestimmt irregulären summarischen Prozesse** haben einen anderen Prozeßstoff als das ordentliche Verfahren; sie weichen in bestimmten Beziehungen von den Regeln des ordentlichen Verfahrens ab.

a) **Exekutivischer Prozeß** beginnt mit dem Beweise; der Kläger stützt sich auf Urkunden (documenta guarentigiata, Konfessatbriefe);

b) **Mandatsprozeß** beginnt mit dem Urteile (Zahlungsgebot, praeceptum executivum);

c) **Arrestprozeß** beginnt mit der Vollstreckung.

VI. Preußische Prozeßgesetze:

a) Corpus iuris Fridericianum, siehe Band **21** 11;

b) allgemeine Gerichtsordnung, siehe Band **21** 11;

c) von Einfluß sind der code de procédure civile von 1806 und die hannöversche Prozeßordnung vom 8. November 1850.

d) **Gerichtsverfassung in Preußen:**

α) Einrichtung eines **höchsten Gerichtes** ist seit der Erteilung des privilegium de non appellando möglich geworden; siehe Band 20 2, 11 und 17; ferner Band 21 7 und 8.

β) Zunächst kein gemeinsames Landgericht (Band 20 8); Einrichtung eines gemeinsamen Landgerichtes für die ganze Mark (Band 20 4); Kammergericht als höhere Instanz (Band 20 5); Kammergerichtsreformation (Band 20 6): Geheimerat (Band 20 10); KGO (Band 20 13 und 14); Geheimes Justizkollegium (Band 20 14).

γ) **Gerichtsorganisation** bis 1849: schon vor der Stein-Hardenbergschen Reform (1808) bestanden in Preußen drei Instanzen:

aa) **erste Instanz** sind auf dem Lande die Patrimonialgerichte, in den Städten die Stadtgerichte;

bb) **zweite Instanz** sind ursprünglich die Provinziallandesjustizkollegien oder Regierungen; (die schlesischen heißen Oberamtsregierungen). Infolge der Stein-Hardenbergschen Reform wird die Justiz von der Verwaltung getrennt; die zweite Instanz heißt nunmehr Oberlandesgericht.
cc) **Letzte Instanz** ist das Obertribunal.

δ) **Neuorganisation** auf Grund der Verordnung vom 2. Januar 1849 (siehe Band 20 25);
aa) **erste Instanz** sind die Kreisgerichte anstatt der Patrimonialgerichte; sie werden von einem Kreisgerichtsdirektor geleitet; an größeren Plätzen des Bezirkes befinden sich Deputationen (3 Mitglieder), an kleineren: Kommissionen (ein Richter für Bagatellsachen).
Für **Städte** über 50000 Einwohner werden Stadtgerichte eingesetzt.
bb) **Zweite Instanz** sind die Appellationsgerichte.
cc) **Dritte Instanz** ist das Obertribunal. Der rheinische Kassationshof wird 1852 als Senat mit dem Obertribunal vereinigt; ebenso 1874 das für die 1866er Annektionen eingerichtete Oberappellationsgericht

---

II. Abteilung:

Deutsches Gerichtsverfassungsrecht.

§ 14. Quellen der Gerichtsverfassung.

I. **Gesetzgebung** unterliegt der Zuständigkeit des Reiches (R 4, Nr. 13); siehe Band 11 16.

1. **Gerichtsverfassungsgesetz** vom 27. Januar 1877, in Kraft getreten am 1. Oktober 1879; (204 §§); hierzu das Einführungsgesetz zum Gerichtsverfassungsgesetze vom 27. Januar 1877.

2. In **Preußen:** Ausführungsgesetz zum Gerichtsverfassungsgesetze vom 24. April 1878.

3. Gesetz, betreffend **Aenderungen** des Gerichtsverfassungsgesetzes und der Strafprozeßordnung, vom 17. Mai 1898, in Kraft getreten am 1. Januar 1900.

4. In **Preußen:** Gesetz betr. die Gerichtsorganisation für Berlin und Umgebung vom 16. September 1899 (tritt mit dem 1. Juni 1906 in Kraft). Hiernach hat **Berlin** drei Landgerichte mit folgenden Amtsgerichten:

a) **Landgericht I:** Amtsgericht Berlin—Mitte;
b) **Landgericht II:** Amtsgerichte Berlin—Schöneberg, Berlin—Tempelhof, Cöpenick, Groß-Lichterfelde, Königs-Wusterhausen, Mittenwalde, Rixdorf, Trebbin, Zossen;
c) **Landgericht III:** Amtsgerichte Alt-Landsberg, Berlin—Wedding, Bernau, Charlottenburg, Kalkberge—Rüdersdorf, Lichtenberg, Liebenwalde, Nauen, Neu-Weißensee, Oranienburg, Pankow, Spandau, Strausberg.

II. **Legalordnung des G:**
erster Titel: **Richteramt,** G 1—11;
zweiter Titel: **Gerichtsbarkeit,** G 12—21;
dritter Titel: **Amtsgerichte,** G 22—24;
vierter Titel: **Schöffengerichte,** G 25—57;
fünfter Titel: **Landgerichte,** G 58—78;
sechster Titel: **Schwurgerichte,** G 79—99;
siebenter Titel: **Kammern für Handelssachen,** G 100—118;
achter Titel: **Oberlandesgerichte,** G 119—124;
neunter Titel: **Reichsgericht,** G 125—141;
zehnter Titel: **Staatsanwaltschaft,** G 142—153;
elfter Titel: **Gerichtsschreiber,** G 154;
zwölfter Titel: **Zustellungs- und Vollstreckungsbeamte,** G 155—156;
dreizehnter Titel: **Rechtshilfe,** G 157—169;
vierzehnter Titel: **Oeffentlichkeit und Sitzungspolizei,** G 170—185;
fünfzehnter Titel: **Gerichtssprache,** G 186—193;
sechzehnter Titel: **Beratung und Abstimmung,** G 194—200;
siebzehnter Titel: **Gerichtsferien,** G 201—204.

§ 15. Richteramt und Gerichtsbarkeit.

I. Die **Ausübung der Gerichtsbarkeit** geschieht:

1. im **Reiche:** durch das Reichsgericht, die Konsuln, die Konsulargerichte und das Reichsmilitärgericht; Gerichte in den Schutzgebieten; Prisengerichte;

2. in den **Einzelstaaten:** durch einzelstaatliche Gerichte.

II. **Charakter der deutschen Gerichtsbarkeit:**

1. die Gerichte sind **unabhängig** (G 1).

a) **Verbot der Kabinettsjustiz:** niemand darf seinem gesetzlichen Richter entzogen werden (G 16).

α) sententia a non suo iudice lata nullam obtinet firmitatem (c 3 X 1, 4);

β) kaiserliche, den Gang der Justiz beeinflussende Reskripte sollen im Interesse der Stände nichtig sein (für das alte deutsche Reich 1555).

γ) Ein Eingreifen des Herrschers in den Gang des Verfahrens ist unstatthaft Letzter Fall in Preußen: **Müller-Arnoldscher Prozeß** (siehe Band **20** 17); nach Auffassung von Dickel hat Friedrich der Große hierbei materiell richtig entschieden.

δ) Ein Einfluß der Dienstaufsichtsbehörde auf die richterliche Tätigkeit ist nicht zugelassen.

b) Die **Aktenversendung** (siehe w. o. Seite 31) ist verboten (G 12).

c) Eine gewisse Unterordnung besteht jedoch im Einzelfalle wegen des **Instanzenzuges** (Z 565, C 398).

2. Die Gerichte sind **Staatsgerichte** (G 15).

a) Die Anstellung der Richter erfolgt unter den gesetzlichen Voraussetzungen.
b) Präsentationen finden nicht statt; siehe w. o. Seite 28.
c) Die Patrimonialgerichtsbarkeit wird aufgehoben; siehe w. o. Seite 32.
d) Die geistliche Gerichtsbarkeit besteht zwar noch, ist aber ohne bürgerliche Wirkung, insbesondere bei Ehe- und Verlöbnissachen (G 15).

3. Die Gerichte sind **ständig**; Ausnahmegerichte und außerordentliche Kommissionen sind unstatthaft (G 16). Gesetzlich erlaubte Ausnahmen sind:

a) **Kriegsgerichte** und Standrechte; siehe Band **17 4**;
b) der **ersuchte** und **beauftragte** Richter; dessen Tätigkeit in gewissen Fällen (Z 348, 361, 362; C 222), die des erkennenden ersetzen darf.

III. Die **richterliche Gewalt** wird durch unabhängige, nur dem Gesetze unterworfene Richter ausgeübt.

1. **Befähigung** zum Richteramte hat:

a) wer zwei Prüfungen abgelegt hat; vor der ersten Prüfung muß ein dreijähriges Studium, zwischen beiden eine dreijährige (in Preußen: vierjährige) Beschäftigung bei den Gerichten, der Staats- und Rechtsanwaltschaft stattgefunden haben;

b) jeder **ordentliche öffentliche Lehrer** des Rechtes an einer deutschen Universität, auch ohne daß er beide Prüfungen abgelegt hat.

2. **Freizügigkeit** der Juristen:

a) es „kann" jemand, der die erste Prüfung bestanden hat, in einem anderen deutschen Einzelstaate angestellt und zur zweiten Prüfung zugelassen werden:

b) Richter aus einem Einzelstaate können in einem anderen angestellt werden.

3. Die **Anstellung** der Richter erfolgt auf Lebenszeit; daher ist bei einem Thronwechsel ein neuer Diensteid nicht erforderlich.

a) Die Richter beziehen **festes Gehalt**, ev. erhalten sie bei Dienstreisen Diäten und Reisekosten; die Ansprüche hierauf sind im ordentlichen Rechtswege einklagbar.

b) **Gebühren** (d. i. Vergütung für Mühewaltung) sind ausgeschlossen.

c) Ein **Nebenamt** darf der Richter nur mit Genehmigung seiner vorgesetzten Dienstbehörde übernehmen.

d) Eine **Präsentation** zum Richteramte findet grundsätzlich nicht statt; bei der Besetzung des Reichsgerichtes hat der Bundesrat ein Vorschlagsrecht (G 127).

e) **Alter**: siehe Band 1 25.

f) **Unfähig** zum Richteramte sind alle, die in der natürlichen Fähigkeit der Wahrnehmung und des Urteils behindert sind, also Geisteskranke, Taube, Blinde, Stumme.

4. Eine dauernde oder zeitweilige **Amtsenthebung** oder eine **Versetzung** in eine andere Stelle oder in den Ruhestand kann gegen Richter nur durch Standesgerichte ausgesprochen werden, und zwar nur aus den Gründen und unter den Formen, welche die Gesetze bestimmen. Jedoch ist zulässig:

a) eine **vorläufige** Amtsenthebung kraft Gesetzes,

b) eine **unfreiwillige** Versetzung oder Entfernung vom Amte bei einer Organisationsveränderung.

5. Eine **zeitweilige Wahrnehmung** richterlicher Geschäfte kann landesgesetzlich auch den noch nicht zum Richter qualifizierten Personen übertragen werden (Einf-G 10).

a) In Preußen (preuß Ausf-G 2) kann **Referendaren**, die seit mindestens zwei Jahren im Vorbereitungsdienste beschäftigt sind, im Bedürfnisfalle durch die Justizverwaltung zeitweilig eine amtsrichterliche Tätigkeit übertragen werden.

b) Der Amtsrichter kann dem ihm zur Ausbildung überwiesenen Referendar die Erledigung einzelner richterlicher Geschäfte übertragen.

c) **Referendare** sind nicht befähigt:

α) zur Urteilsfällung,

β) zur Aufnahme letztwilliger Verfügungen,

γ) zur Entscheidung über Durchsuchungen, Beschlagnahmen und Verhaftungen,

δ) zu den Geschäften des Amtsrichters bei Bildung der Schöffengerichte und Schwurgerichte,

ε) zur Aufnahme von Eheverträgen.

6. **Gelehrte Richter und Laienrichter.**

a) **Gelehrter Richter** ist, wer auf Grund der Befähigung zum Richteramte (siehe w. o. unter 1) als Richter angestellt ist;

b) **Laienrichter** sind die zu richtender Tätigkeit berufenen Schöffen, Geschworenen und Handelsrichter.

α) Der **Schöffe** hat die volle richterliche Funktion; aber nur für die Dauer der Sitzung, an der er teilnimmt.

β) Der **Geschworene** hat nur ja oder nein auf bestimmt formulierte Fragen zu sagen, übt also nur in diesem Sinne und nur während der betr. Sitzung eine Richterfunktion aus; siehe Band **16** 22.

γ) Der **Handelsrichter** hat dienstlich und außerdienstlich volle Richterqualität während der Dauer seines Amtes.

IV. **Justiz und Verwaltung** sind scharf voneinander getrennt; nur die Justizverwaltung ist den ordentlichen Gerichten gestattet.

1. Ueber die **Zulässigkeit des Rechtsweges,** also über Zweifel, ob eine Verwaltungssache vorliegt oder nicht, entscheiden die Gerichte (G 17).

α) Die Landesgesetze können aber zur Entscheidung hierüber eine besondere Behörde (unter bestimmten Kautelen: Stellung der Urteiler wie beim Reichsgerichte, mindestens fünf Urteiler, gesetzlich geregeltes Verfahren) einsetzen; diese ist dann solange zur Entscheidung befugt, als noch nicht gerichtlich darüber rechtskräftig geurteilt ist. (Für Preußen besteht hierfür der **Gerichtshof zur Entscheidung der Kompetenzkonflikte**).

β) Es muß unterschieden werden:

aa) **Kompetenzkonflikt** ist die Frage, ob das eine oder das andere Gericht zuständig ist, oder ob ein Gericht oder eine Verwaltungsinstanz zuständig ist;

bb) **Erhebung des Konflikts** (in Preußen) ist die (nach Beschluß der Bezirksregierung) herbeigeführte Entscheidung des **Oberverwaltungsgerichtes** darüber, ob ein Beamter einer pflichtwidrigen Amtsüberschreitung oder Unterlassung sich schuldig gemacht habe (preuß Gesetz vom 13. Februar 1854; Einf-G 11); wird dies **verneint,** dann können die ordentlichen Gerichte gegen ihn nicht vorgehen.

γ) **Rechtsverweigerung:** erwiesene Beschwerden über verweigerte oder gehemmte Rechtspflege (iustitia denegata sive protracta) rechtfertigen ein Einschreiten des Bundesrates (R 77).

V. **Sachliche Begrenzung der deutschen Gerichtsbarkeit.**

1. **Ordentliche streitige Gerichtsbarkeit** ist die Gerichtsbarkeit in allen bürgerlichen Rechtsstreitigkeiten und Strafsachen; sie wird durch die **ordentlichen Gerichte,** nämlich Amts- und Landgerichte, Oberlandesgerichte, das Reichsgericht und das oberste Landesgericht ausgeübt.

1. **Nicht** die gesamte ordentliche streitige Gerichtsbarkeit gehört vor die ordentlichen Gerichte; vielmehr **können auch zuständig sein:**

a) **Verwaltungsbehörden** oder **Verwaltungsgerichte;** Beispiele: Postgesetz §§ 34 ff., Seemannsordnung § 101; — in Strafsachen C 453, 459.

b) **Besondere Gerichte,** und zwar:

α) reichsgesetzlich **bestellte,** die durch Reichsgesetze begründet worden sind;

β) reichsgesetzlich **zugelassene,** deren Einrichtung den Einzelstaaten von der Reichsgesetzgebung gestattet ist.

2. **Reichsgesetzlich bestellte besondere Gerichte** sind:

a) die **Militärgerichte** in Strafsachen, siehe Band **17** 22.

b) die **Konsulargerichte** und die Gerichte in den deutschen Schutzgebieten;

c) die **Prisengerichte;**

d) die **Schiedsgerichte** und das Reichsversicherungsamt; siehe Band **26** 31—33.

3. **Reichsgesetzlich zugelassene besondere Gerichte** sind:

a) Die **Rheinschiffahrt-** und **Elbzollgerichte** für Streitigkeiten über Schiffsabgaben und Beschädigungen durch die Schiffahrt;

b) die **Agrargerichte** und Auseinandersetzungsbehörden; siehe Band **22** 11—19;

c) die **Gemeindegerichte** (in Württemberg und Baden) bei vermögensrechtlichen Ansprüchen bis 60 Mk., jedoch nur für Personen, die in der Gemeinde Wohnsitz, Niederlassung oder Aufenthalt haben; gegen ihre Entscheidung ist Berufung auf den ordentlichen Rechtsweg zugelassen;

d) die **Gewerbegerichte;** siehe Band **26** 28—30;

e) die Gerichte für die **Landesherren** und ihre Familien; in Preußen besteht der **geheime Justizrat** beim Kammergerichte, der in erster Instanz mit fünf, in zweiter mit sieben Mitgliedern besetzt ist; in dritter Instanz entscheidet das Reichsgericht;

f) die **Austrägalgerichte**, soweit sie den Standesherren bisher zustanden. In Preußen steht ein iudicium parium nur den Familienhäuptern der standesherrlichen Familien lediglich in Strafsachen zu. Untersuchung: führt das Oberlandesgericht; der Justizminister schlägt dann zehn Ebenbürtige vor, der Angeklagte wählt binnen 24 Stunden fünf davon. Das **Urteil** fällen diese fünf unter dem Vorsitze des nichtmitstimmenden Justizministers. Das Urteil ist durch den König zu bestätigen. Die Verkündung und Vollstreckung steht dem Oberlandesgerichte zu.

g) **Kaufmannsgerichte** zur Entscheidung von Streitigkeiten zwischen Kaufleuten einerseits und ihren Handlungsgehilfen (oder Handlungslehrlingen) andererseits sind durch das Reichsgesetz vom 6. Juli 1904 (in Kraft seit dem 1. Januar 1905) zugelassen worden.

α) **Einrichtungen von Kaufmannsgerichten** ist:
aa) **fakultativ:** bei vorhandenem Bedürfnisse,
bb) **obligatorisch:** in Gemeinden mit mehr als zwanzigtausend Einwohnern; ev. erfolgt hier die Einrichtung durch die Landeszentralbehörde.

β) **Zuständigkeit der Kaufmannsgerichte.**
aa) Für die Angelegenheiten der kaufmännischen Angestellten (aus der Anstellung usw.) ist das Kaufmannsgericht **ausschließlich** zuständig.
bb) Das Kaufmannsgericht ist **Einigungsamt** zwischen dem Prinzipal und seinen Angestellten; siehe Band **6** 12.
cc) Das Kaufmannsgericht hat **Gutachten** über kaufmännische Dienst- und Lehrverhältnisse zu erstatten.

γ) Die Zuständigkeit des Kaufmannsgerichtes ist **ausgeschlossen:**
aa) für **Apotheken,**
bb) bei Handlungsgehilfen, deren Jahresverdienst **fünftausend** Mark übersteigt.

δ) **Ersatz des Kaufmannsgerichtes:** fehlt an einem Orte ein Kaufmannsgericht, so kann der Bürgermeister eine vorläufige Entscheidung treffen.

ε) Die **Zusammensetzung des Kaufmannsgerichtes** wird ortsstatutarisch geregelt; es ist besetzt mit:
aa) einem **Vorsitzenden** (Gerichts- oder Regierungsassessor, mit Bestätigung);
bb) **vier Beisitzern**, die zur Hälfte Kaufleute, zur Hälfte Handlungsgehilfen sind.

ζ) **Aktives Wahlrecht** hat, wer 25 Jahre alt, im Bezirke ansässig und nicht zur passiven Wahlberechtigung unfähig ist.

η) **Passive Wahlberechtigung:**
aa) **unfähig** sind Frauen, Ausländer, Ehrverlustige, Entmündigte;
bb) **ungeeignet** ist, wer noch **nicht** 30 Jahre alt ist, öffentliche Armenunterstützung genießt oder noch nicht zwei Jahre im Bezirke sich befindet.

ϑ) **Verfahren** bei den Kaufmannsgerichten:
aa) ebenso wie bei den Gewerbegerichten; siehe Band **26** 29.
bb) **Berufung** ist nur bei Ansprüchen von mehr als dreihundert Mark zulässig.

4. Die Angelegenheiten der **freiwilligen Gerichtsbarkeit** sowie die der zugelassenen besonderen Gerichte können den ordentlichen Gerichten übertragen werden; siehe Band 10 30.

VI. **Persönliche Begrenzung** der Gerichtsbarkeit.

1. Auf die **Landesherren**, die Mitglieder der landesherrlichen Familien, der fürstlichen Familie Hohenzollern, des vormaligen hannoverschen Königshauses, des vormaligen kurhessischen und des vormaligen herzoglich nassauischen Fürstenhauses ist das G nur insoweit anzuwenden, als nicht Hausverfassungen oder Landesgesetze Abweichendes bestimmen.

Das gleiche gilt nach der **lex Holstein** vom 25. März 1904 für das herzoglich holsteinische Fürstenhaus.

2. **Exterritoriale** (siehe Band 13 13) sind von der deutschen Gerichtsbarkeit befreit; ebenso die nichtpreußischen Bundesratsmitglieder.

3. **Konsuln** sind nur bei ausdrücklicher Vertragsbestimmung von der inländischen Gerichtsbarkeit befreit.

4. **Ausländer** sind der inländischen Gerichtsbarkeit unterworfen; Bezeichnungen des älteren Rechtes:

a) **Forensen** sind Ausländer, denen inländische Grundstücke gehören;
b) **landsassiatus minus plenus:** sie sind nur wegen der Grundstücke der inländischen Gerichtsbarkeit unterworfen;
c) **landsassiatus plenus:** sie sind der inländischen Gerichtsbarkeit auch sonst unterworfen.

§ 16. Gerichte.

I. Die **Amtsgerichte** sind mit Einzelrichtern besetzt.

a) Bei großem Geschäftskreise werden **mehrere** Amtsrichter angestellt, sie arbeiten und entscheiden aber immer einzeln.
b) Die **Dienstaufsicht** übt der aufsichtsführende Amtsrichter aus; das Amtsgericht I in Berlin steht unter einem Amtsgerichtspräsidenten.
c) **Unbesoldete Assessoren** können als Amtsrichter fungieren.
d) **Sachliche Zuständigkeit** der Amtsgerichte:

1. In **Zivilsachen** ist der Amtsrichter zuständig für:

a) vermögensrechtliche Streitigkeiten bis 300 M., ausgenommen bei ausschließlicher Kompetenz der Landgerichte ohne Rücksicht auf den Streitwert;
b) Miets-, Gesinde-, Arbeits-, Beförderungsstreitigkeiten, Prozesse wegen Viehmängel, Wildschaden, aus außerehelichem Beischlafe; alle diese ohne Rücksicht auf den Wert;
c) Aufgebotsverfahren;
d) Sühnetermin in Ehesachen;
e) Entmündigung;
f) Mahnverfahren ohne Rücksicht auf den Streitwert;
g) Zwangsvollstreckung;
h) Konkursverfahren;
i) Arreste und einstweilige Verfügungen;
k) Rechtshilfesachen.

2. In **Strafsachen** ist der Amtsrichter ohne Zuziehung von Schöffen zuständig für:

a) Strafbefehle;
b) Aburteilung wegen Uebertretungen unter Zustimmung der Staatsanwaltschaft, wenn der vorgeführte Beschuldigte geständig ist (C 211_2; Vorführungen mit dem grünen Wagen);
c) nicht qualifizierte Forstdiebstahlssachen;
d) Ausschuß zur Aufstellung der Listen für Schöffen und Geschworene;
e) Rechtshilfesachen;
f) ev. für eine übertragene Voruntersuchung.

3. In **Angelegenheiten der freiwilligen Gerichtsbarkeit** ist der Amtsrichter zuständig für:

a) Vollziehung, Beurkundung, Bestätigung von Rechtshandlungen;
b) Führung von Registern und Rollen (Landgüter-, Höferolle);
c) Vormundschaftswesen;
d) Nachlaßwesen;
e) Grundbuchwesen;
f) Verwahrungswesen;
g) Rechtshilfesachen;
h) das Berichtigungsverfahren in Standesamtssachen (siehe Band **1** 20).

II. Die Schöffengerichte.

A. Schöffengerichte sind bei den Amtsgerichten gebildete Gerichtshöfe zur Verhandlung und Entscheidung von **Strafsachen.**

1. **Besetzung:** die Schöffengerichte sind mit einem Amtsrichter als Vorsitzendem und zwei Schöffen besetzt; die Schöffen haben dasselbe Stimmrecht wie der Vorsitzende, sie nehmen auch an allen Entscheidungen während der Hauptverhandlung (z. B. an Beschlüssen) teil.

2. Die **Zuständigkeit** der Schöffengerichte ist begründet:

a) für alle Uebertretungen, Feld- und Forstpolizeisachen, qualifizierte Forstdiebstähle;

b) für Vergehen mit Rücksicht auf:

α) die **Höhe der Strafe;** wenn nicht mehr als 3 Monate Gefängnis oder 600 Mark Geldstrafe angedroht ist;

β) den **Privatcharakter:** Privatklage wegen Beleidigung, leichter Körperverletzung und unlauteren Wettbewerbes; siehe Band **16** 1;

γ) den **Wert** des Gegenstandes oder Schadens bis 25 Mark: einfacher Diebstahl, Unterschlagung, Betrug, einfache Sachbeschädigung, Begünstigung, einfache Hehlerei;

δ) die **Ueberweisung** seitens der Strafkammer auf Antrag der Staatsanwaltschaft, wenn anzunehmen ist, daß keine andere und höhere Strafe als 3 Monate Gefängnis bezw. 600 Mark Geldstrafe erkannt werden wird; so besonders bei Widerstand gegen die Staatsgewalt, Beleidigung (wenn die Staatsanwaltschaft öffentliche Klage erhebt), Körperverletzung, Diebstahl, Unterschlagung, Begünstigung, Hehlerei, Betrug, strafbarer Eigennutz, Sachbeschädigung, Steuerdelikte.

Hierbei ist **insbesondere** zu beachten:

aa) soweit für die Zuständigkeit der **Wert** (w. o. γ) bestimmend ist, bleibt das Schöffengericht zuständig, auch wenn sich in der Hauptverhandlung ein höherer Wert herausstellt; hingegen muß, wenn aus anderen Gründen die Unzuständigkeit sich ergibt, z. B. wenn statt des einfachen Diebstahls ein solcher mittelst Erbrechens von Behältnissen sich herausstellt, das Schöffengericht durch Beschluß seine **Unzuständigkeit** aussprechen und die Sache an das zuständige Gericht verweisen (C 270).

bb) in den Ueberweisungssachen ist das Schöffengericht nicht an die (w. o. δ bezeichnete) Grenze gebunden; es kann auch auf **höhere** Strafe erkennen.

cc) Das Schöffengericht kann sogar auf **Zuchthausstrafe** erkennen: ist jemand, der eine Zuchthausstrafe verbüßt, wegen eines Schöffendeliktes, das er vor der früheren Verurteilung begangen hat, abzuurteilen, so hat das Schöffengericht gemäß S 79 zusätzlich auf Zuchthaus zu erkennen.

B. Das Schöffenamt ist ein **Ehrenamt**, das nur von einem Deutschen versehen werden kann.

1. **Befähigung zum Schöffenamte:**

a) **Unfähig** zum Schöffenamte sind:

α) Personen, welche die Befähigung durch **Strafurteil** verloren haben oder über die ein dahinzielendes Hauptverfahren eröffnet ist;

β) Personen, die in der Verfügung über ihr Vermögen durch das Gericht **beschränkt** sind, z. B. infolge von Entmündigung oder Konkurs;

γ) Minderjährige;

δ) Frauen.

b) **Ungeeignet** zum Schöffenamte sind:

α) Minister, Senatoren der Hansastädte, Reichs- und Staatsbeamte, die einstweilig in Ruhestand versetzt werden könnten, richterliche Beamte und Beamte der Staatsanwaltschaft.

β) Vollstreckungsbeamte, Religionsdiener, Volksschullehrer und aktive Militärpersonen.

γ) Personen, die (bezw. deren Familie) in den letzten drei Jahren Armenunterstützung aus öffentlichen Mitteln erhalten haben, geistig oder körperlich Gebrechliche und Dienstboten.

δ) Personen, die bei Aufstellung der Urliste noch nicht dreißig Jahre alt oder noch nicht zwei Jahre in der Gemeinde wohnhaft sind.

c) Ein **Ablehnungsrecht** haben:

α) Mitglieder gesetzgebender Versammlungen,
β) Personen, die im letzten Jahre einmal Geschworene oder fünfmal Schöffen gewesen sind,
γ) Aerzte,
δ) Apotheker ohne Gehilfen,
ε) Personen, die im Geschäftsjahre 65 Jahre alt werden,
ζ) Personen, die den Aufwand, der mit der Ausübung des Amtes verbunden ist, nicht tragen können, z. B. in ihrem Erwerbe schwer geschädigt werden würden (Reisende), oder einen schwarzen Rock nicht haben.

d) **Geltendmachung** des Ablehnungsrechtes hat binnen einer Woche zu geschehen; der Amtsrichter entscheidet nach Anhörung der Staatsanwaltschaft.

2. **Die Schöffenlisten.**

a) Die **Urliste** ist ein vom Gemeindevorstande aufgestelltes Verzeichnis der zum Schöffengerichte befähigten Personen; die Urliste liegt eine Woche aus, gegen ihre Richtigkeit können Einsprachen erhoben werden.

b) **Berichtigte Urlisten:**

α) Alle **Gemeindevorstände** eines Amtsgerichtsbezirkes senden ihre Urlisten nebst den Einsprachen an den Amtsrichter.
β) **Ausschuß:** beim Amtsgerichte wird unter Vorsitz des Amtsrichters ein Ausschuß gebildet; Beisitzer sind ein höherer Verwaltungsbeamter (Landrat, Regierungsassessor) und sieben Vertrauensmänner.
γ) **Berichtigung** der Urliste: der Ausschuß entscheidet über die Einsprachen und berichtigt die Urlisten.

c) **Jahreslisten:** aus der berichtigten Urliste werden Jahreslisten gebildet, und zwar getrennt:

aa) für Schöffen,
bb) für Hilfsschöffen.

d) Die **Auslosung** für die ordentlichen Sitzungen des ganzen Jahres erfolgt in öffentlicher Sitzung des Amtsgerichtes.

3. **Entschädigung:** den Schöffen und Vertrauensmännern werden die Reisekosten vergütet.

4. **Unentschuldigtes Ausbleiben** eines Schöffen:

a) Der Schöffe wird zu einer **Ordnungsstrafe** von 5 bis 1000 Mark und zur Tragung der durch sein Ausbleiben entstandenen Kosten verurteilt.
b) entschuldigt ein Schöffe sein Ausbleiben durch eine unwahre Tatsache, so wird er mit **Gefängnis** bis zu zwei Monaten bestraft (S 138).

5. **Schweigegebot:** der Schöffe ist verpflichtet, über den Hergang bei der Beratung und Abstimmung Stillschweigen zu beobachten (G 200).

III. Die Landgerichte.

1. **Besetzung:** die Landgerichte werden mit einem Präsidenten und der erforderlichen Zahl von Direktoren und Mitgliedern besetzt. Die Geschäfte werden wahrgenommen:

a) von **Zivilkammern** und **Strafkammern**, deren Besetzung und Geschäftszweige das **Präsidium**, bestehend aus dem Präsidenten, den Direktoren und dem ältesten Mitgliede, bestimmt;
b) von **Untersuchungsrichtern**, die der Minister nach Bedarf bestellt;
c) von **Kammern für Handelssachen**, die auf Anordnung des Ministers nach Bedarf gebildet werden;

d) von periodisch zusammentretenden **Schwurgerichten.**
e) Strafkammern und Kammern für Handelssachen können **detachiert** werden (an den Sitz eines Amtsgerichtes).

2. **Einrichtung der Kammern:**
a) die **Zivilkammern** werden mit einem Direktor und zwei Landrichtern besetzt;
b) die **Strafkammern** werden teils mit drei, teils mit fünf Richtern besetzt;
c) die **Kammern für Handelssachen** werden mit einem gelehrten Richter und zwei Laien (Handelsrichtern) besetzt;
d) die **Schwurgerichte** werden von dem Gerichtshofe (drei gelehrten Richtern) und der Geschworenenbank (zwölf Laien) gebildet.
e) der **Präsident** übernimmt den Vorsitz in einer von ihm bezeichneten Kammer.
f) der **ordentliche Vorsitzende** (Direktor) kann durch ein Mitglied im Vorsitze vertreten werden.
g) **besoldete Assessoren** können als Hilfsrichter fungieren; unbesoldete Assessoren können an der Urteilsfällung nicht teilnehmen.

3. **Sachliche Zuständigkeit der Zivilkammern in erster Instanz:**
a) für **alle** bürgerlichen Rechtsstreitigkeiten, die nicht den Amtsgerichten zugewiesen sind;
b) ohne Rücksicht auf **Wert** und ausschließlich:
α) für die Ansprüche gegen den Reichsfiskus wegen Flößereiabgaben,
β) für die Syndikatsklage gegen Reichs- und preußische Staatsbeamte,
γ) für die Ansprüche der preußischen Beamten gegen den Fiskus wegen des Gehaltes,
δ) für Ehesachen,
ε) für die Anfechtungsklagen gegen den Entmündigungsbeschluß, gegen das Ausschlußurteil, gegen die Generalversammlungsbeschlüsse der Aktiengesellschaft,
ζ) für die Auflösungsklage bei der Gesellschaft mit beschränkter Haftung,
η) für Stempelsachen.

4. **Sachliche Zuständigkeit der Zivilkammern in zweiter Instanz:**
a) für die Entscheidung über die Berufung gegen Amtsgerichtsurteile,
b) für die Entscheidung über die Beschwerde gegen Beschlüsse des Amtsrichters,
c) für die Entscheidung über Konkursbeschwerden und über Beschwerden in Angelegenheiten der freiwilligen Gerichtsbarkeit und der Fürsorgeerziehung.

5. **Sachliche Zuständigkeit der Strafkammern in erster Instanz**, stets besetzt mit **fünf** Richtern:
a) für alle Vergehen, sofern nicht das Schöffengericht zuständig ist;
b) für die Verbrechen, die mit höchstens fünf Jahr Zuchthaus bedroht sind; ausgenommen sind gewisse politische Verbrechen z. B. Hochverrat;
c) für das Verbrechen der Unzucht mit Kindern (S 176_3);
d) für die Verbrechen der Jugendlichen (siehe Band 15 13); jedoch sind Jugendliche, wenn sie zusammen mit Erwachsenen angeklagt werden, vom Schwurgerichte abzuurteilen;
e) für die Verbrechen des schweren Diebstahls, der gewerbs- und gewohnheitsmäßigen Hehlerei;

f) für die Rückfallsdelikte (siehe Band 15 32) bei Diebstahl, Hehlerei und Betrug.

6. **Sachliche Zuständigkeit der Strafkammern in zweiter Instanz:**

a) mit **drei** Richtern besetzt: für die Berufung gegen Schöffengerichtsurteile bei Uebertretungen, Forstdiebstahls- und Privatklagesachen;

b) mit **fünf** Richtern besetzt: für die Berufung gegen Schöffengerichtsurteile bei Vergehen.

7. Die dreigliedrige Strafkammer fungiert als **Beschlußkammer:**

a) um die Zuständigkeit der Amtsgerichte, z. B. in Fällen von Kompetenzkonflikt oder Behinderung, zu bestimmen:

b) zur Entscheidung über Ablehnungsgesuche gegen den Amtsrichter oder den Untersuchungsrichter;

c) für die Uebertragung der Voruntersuchung an ein Amtsgericht;

d) als Beschlußinstanz in einer Voruntersuchung;

e) zur Beschlußfassung über die Eröffnung des Hauptverfahrens vor allen Gerichten, außer dem Reichsgerichte;

f) für Beschwerden gegen den Amtsrichter, das Schöffengericht, den Untersuchungsrichter.

IV. Die Schwurgerichte.

1. **Besetzung der Schwurgerichte:**

a) Der **Gerichtshof** besteht aus drei Mitgliedern;

α) der **Vorsitzende** wird für die Sitzungsperiode vom Oberlandesgerichtspräsidenten, sein Stellvertreter und die **zwei Beisitzer** werden vom Landgerichtspräsidenten bestimmt.

β) der Gerichtshof hat **sämtliche**, im Schwurgerichtsverfahren vorkommenden Entscheidungen zu fällen; die Beantwortung der **Schuldfrage** ist ihm entzogen.

b) Die **Geschworenenbank** besteht aus zwölf Geschworenen; sie ist zur Entscheidung der Schuldfrage berufen.

α) Ueber Trennung von Schuldfrage und Straffrage und über die Bedeutung der Schwurgerichte siehe Band 16 8.

β) **Geschworenenlisten:**

aa) **Urliste:** aus der unberichtigten Urliste werden vom Ausschusse des Amtsgerichtes (w. o. Seite 40) Geschworene vorgeschlagen.

bb) **Vorschlagslisten** nebst Einsprachen werden von den Amtsrichtern dem Landgerichte übersandt.

cc) **Jahreslisten:** in einer Sitzung des Landgerichtes (Präsident und vier Beisitzer) wird über die Einsprachen entschieden; sodann werden Jahreslisten für Hauptgeschworene und Jahreslisten für Hilfsgeschworene gesondert aufgestellt.

dd) **Spruchliste:** in einer dreigliedrigen Sitzung des Landgerichtes werden dreißig Hauptgeschworene ausgelost; diese Spruchliste wird dem Vorsitzenden des Schwurgerichtes übersandt.

ee) Ueber die **Auslosung** der Geschworenenbank siehe Band 16 21.

c) Das Geschworenenamt ist ein **Ehrenamt**; nur Deutsche können dazu berufen werden.

d) **Inkompatibilität:** niemand soll für dasselbe Geschäftsjahr als Geschworener und als Schöffe bestimmt werden; ev. behält er das ihm zuerst übertragene Amt.

2. **Sachliche Zuständigkeit der Schwurgerichte:**

a) Die Schwurgerichte entscheiden als erste Instanz über **alle Verbrechen,** soweit nicht das Reichsgericht oder die Strafkammern zuständig sind; insbesondere entscheiden sie über Hoch- und Landesverrat gegen einen Einzelstaat (siehe Band 15 26).

b) Landesrechtlich können **Preßvergehen** von den Schwurgerichten entschieden werden; so in Bayern, Württemberg, Baden und Oldenburg (Einf-G 6).

V. Die Kammern für Handelssachen.

1. **Bedeutung** der Kammer für Handelssachen:

a) Die Handelsrichter sollen ihre **kaufmännischen Kenntnisse** und Erfahrungen für die Entscheidung verwerten.

b) In Streitigkeiten, die sich auf das Rechtsverhältnis zwischen **Reeder oder Schiffer** und **Schiffsmannschaft** beziehen, kann die Entscheidung durch den Vorsitzenden allein erfolgen; siehe Band 7 26.

c) **Handelskammer** ist die korporative Vertretung der Kaufleute; siehe Band 12 30.

2. **Zuständigkeit** der Kammern für Handelssachen:

a) Die **allgemeine Kompetenzabgrenzung** zwischen Amtsgericht und Landgericht, z. B. die Wertgrenze von 300 Mk., wird nicht berührt; also eine Wechselsache über 200 Mk. würde (abgesehen von Prorogation) vor das Amtsgericht gehören.

b) Die vor das **Kaufmannsgericht** gehörenden Sachen unterliegen dessen Zuständigkeit ausschließlich; siehe w. o. Seite 37.

c) **Begründung der Zuständigkeit der Kammern für Handelssachen:**

α) **formelle Voraussetzungen:**

aa) entweder der **Kläger** beantragt in der Klageschrift, daß die Entscheidung vor der Kammer für Handelssachen stattfinden solle;

bb) oder der **Beklagte** beantragt, daß eine vor der Zivilkammer erhobene Klage vor die Kammer für Handelssachen verwiesen werde;

β) **materielle Voraussetzung:** Gegenstand der Rechtsstreitigkeit muß sein:

aa) ein Anspruch aus beiderseitigen **Handelsgeschäften** gegen einen Kaufmann, siehe Band 6 24;

bb) ein Anspruch aus **Wechseln** und anderen kaufmännischen Urkunden, siehe Band 7 6;

cc) Ansprüche aus **Handelsgesellschaften**, Firmenrecht, Musterschutz, siehe Band 6 14;

dd) Ansprüche des **Seerechtes** und der Binnenschiffahrt, siehe Band 7 23.

γ) Wenn die unter β genannten besonderen materiellen Voraussetzungen nicht vorliegen, kann die Klage bei der Kammer für Handelssachen **bleiben,** wenn nicht der Beklagte ihre Verweisung vor die Zivilkammer beantragt, oder wenn nicht dies von Amts wegen geschieht.

3. **Befähigt zum Handelsrichter** ist, wer als Kaufmann oder Vorstand einer Aktiengesellschaft in das Handelsregister eingetragen oder eingetragen gewesen ist, im Bezirk wohnt und nicht entmündigt ist oder im Konkurse sich befindet; an Seeplätzen kann auch ein Schiffahrtskundiger bestellt werden.

a) Die **Ernennung** erfolgt auf gutachtlichen Vorschlag der Handelskammer für die Dauer von drei Jahren, eine Wiederernennung ist statthaft.

b) Das Amt des Handelsrichters ist ein **Ehrenamt**, das nur von einem Deutschen bekleidet werden kann.

c) Während der Dauer des Amtes haben die Handelsrichter alle Rechte und Pflichten **richterlicher** Beamten, z. B. kann der Handelsrichter als beauftragter Richter Zeugen vernehmen und beeidigen. Ihre disziplinarische **Absetzung** erfolgt durch den ersten Zivilsenat des Oberlandesgerichtes.

VI. Oberlandesgerichte.

1. Die **Oberlandesgerichte** werden mit einem Präsidenten, Senatspräsidenten und Oberlandesgerichtsräten besetzt.

a) Das Oberlandesgericht in Berlin heißt **Kammergericht**.

b) Die Geschäfte werden in **Zivilsenaten** und **Strafsenaten** erledigt; jeder Senat hat fünf Mitglieder.

c) Die Geschäfte verteilt das **Präsidium**, bestehend aus dem Präsidenten, den Senatspräsidenten und den beiden ältesten Räten.

d) **Hilfsrichter** dürfen nur ständig angestellte Richter sein, also Amtsrichter oder Landrichter.

2. **Sachliche Zuständigkeit der Oberlandesgerichte:**

a) für die Entscheidung über die **Berufung** gegen erstinstanzliche Zivilurteile der Landgerichte;

b) für die Entscheidung von **Beschwerden** gegen Beschlüsse der Landgerichte in Zivilsachen, Strafsachen und Angelegenheiten der freiwilligen Gerichtsbarkeit; ferner für Fideikommißsachen;

c) für die Entscheidung über die **Revision** gegen Strafkammerberufungsurteile;

d) als **erste Instanz** in Disziplinarsachen der richterlichen Beamten (siebengliedriger Disziplinarsenat, Hilfsrichter sind verboten);

e) als **Disziplinarinstanz** für mittlere und untere Gerichtsbeamten, in der Besetzung mit fünf Mitgliedern;

f) für Beschwerden gegen **Ordnungsstrafen** der Amtsgerichte oder der Landgerichte;

g) in Strafsachen der **Standesherren**, siehe w. o. Seite 37.

3. Das **Kammergericht** hat (außer der zu 2 bezeichneten Zuständigkeit) eine besondere Kompetenz:

a) für die Entscheidung der **Revision** gegen Strafkammerurteile erster und zweiter Instanz in **Landesstrafsachen** (erster Strafsenat des Kammergerichtes);

b) in **Stempelsachen;**

c) in Angelegenheiten der **freiwilligen Gerichtsbarkeit** als höchste Landesinstanz, namentlich bei weiterer Beschwerde und in Grundbuchsachen (preuß F 7, 8);

d) als **großer Disziplinarsenat**, mit fünfzehn Richtern besetzt, über Disziplinarsachen der Präsidenten und Senatspräsidenten und über Berufungen und Beschwerden gegen Entscheidungen der Disziplinarsenate.

VII. Das oberste Landesgericht in München ist zuständig:

a) für die Entscheidung von Revisionen und Beschwerden in **landesrechtlichen** Zivilsachen (Einf-G 8);

b) für die Entscheidung von **Revisionen** und Beschwerden, in denen sonst die Oberlandesgerichte zuständig sind (Einf-G 9);
c) bei weiteren Beschwerden in Angelegenheit der **freiwilligen** Gerichtsbarkeit (F 199).

VIII. Das **Reichsgericht** in Leipzig ist mit einem Präsidenten, Senatspräsidenten und Räten besetzt.

1. Die Geschäfte werden in **Zivilsenaten** und **Strafsenaten**, stets **siebengliedrig, erledigt.**

a) Die Geschäftsverteilung erfolgt durch das **Präsidium**, bestehend aus dem Präsidenten, den Senatspräsidenten und den vier ältesten Räten.

b) **Hilfsrichter** sind verboten.

c) In **Strafsachen** erster und letzter Instanz führt der **erste** Strafsenat die Untersuchung, die Entscheidung fällt der **vereinigte** zweite und dritte Strafsenat (mit vierzehn Mitgliedern besetzt, das jüngste Mitglied stimmt nicht mit).

2. **Sachliche Zuständigkeit** des Reichsgerichtes:

a) in **Zivilsachen** bei Revisionen gegen Berufungsurteile der Oberlandesgerichte und bei weiteren Beschwerden;

b) in **Strafsachen**:

α) bei Revisionen gegen **Schwurgerichtsurteile** und gegen **erst**instanzliche Strafkammerurteile;

β) bei Revisionen gegen Strafkammerberufungsurteile in Sachen von **Reichsabgabenhinterziehung**, wenn der Staatsanwalt es beantragt;

γ) bei **Hoch- und Landesverrat** gegen Kaiser und Reich, als erste und letzte Instanz;

c) in Angelegenheiten der **freiwilligen Gerichtsbarkeit** (F 28) zur Entscheidung über die weitere Beschwerde, wenn das Oberlandesgericht von der Auslegung einer reichsgesetzlichen Vorschrift (durch ein anderes Oberlandesgericht oder durch das Reichsgericht) abweichen will.

3. Zur **Wahrung der Rechtseinheit** ist bestimmt:

a) will in einer Rechtsfrage ein Zivilsenat von einem anderen oder den vereinigten Zivilsenaten, oder ein Strafsenat von einem anderen oder den vereinigten Strafsenaten **abweichen,** so ist eine Entscheidung der **vereinigten** Zivilsenate bezw. Strafsenate einzuholen;

b) will ein Zivilsenat von einem Strafsenat oder den vereinigten Strafsenaten, oder ein Strafsenat von einem Zivilsenate oder den vereinigten Zivilsenaten, oder endlich ein Senat von einer früheren Plenarentscheidung **abweichen,** so ist eine Entscheidung des **Plenum** einzuholen;

c) die Entscheidung der Rechtsfrage durch die vereinigten Senate oder das Plenum ist in der zu entscheidenden Sache **bindend.**

§ 17. Staatsanwaltschaft.

1. **Geschichte:** die französische Prokuratur (jetzt procureur de la république) ist in Deutschland bei der Reform nach 1848 als Staatsanwaltschaft (in Hannover als Kronanwaltschaft) angenommen worden.

2. **Charakter**: der Staatsanwalt ist Gehilfe des Richters, er legt das Delikt hauptsächlich nach der Schuldseite dar, hat aber auch gleichmäßig die Unschuld darzutun; siehe Band 16 17.

3. **Kompetenz der Staatsanwaltschaft:**

a) **Strafverfolgung**: Erhebung der Anklage, Sammlung der Beweise für und gegen die Schuld, Ladungen (Prozeßbetrieb), Antragstellung, Vertretung der Anklage (Plaidoyer), Rechtmittelbetrieb für und gegen den Abgeurteilten;

b) **Strafvollstreckung;**

c) Auftreten als Partei oder neben den Parteien in **Ehesachen** (defensor matrimonii) und Entmündigungssachen;

d) Teilnahme an der **Justizverwaltung.**

4. **Organisation der Staatsanwaltschaft:**

a) am **Reichsgerichte**: ein Oberreichsanwalt und Reichsanwälte; sie werden vom Kaiser nach Vorschlag des Bundesrates ernannt;

b) an den **Oberlandesgerichten**: ein Oberstaatsanwalt und Staatsanwälte;

c) an den **Landgerichten**: ein Erster Staatsanwalt und Staatsanwälte;

d) bei den **Amtsgerichten**: ein Staatsanwalt oder Amtsanwalt;

e) als **Hilfsarbeiter** können unbesoldete Assessoren verwendet werden;

5. **Die Verfassung der Staatsanwaltschaft ist hierarchisch, nicht kollegialisch; die Entscheidung ruht in der Hand des ersten Beamten; seinen Anordnungen ist unbedingt Folge zu leisten.**

a) **Der Vorgesetzte kann jederzeit bei allen Gerichten seines Bezirkes den Dienst wahrnehmen (Devolutionsprinzip);**

b) **der Vorgesetzte kann andere als die zunächst zuständigen Beamten mit der Wahrnehmung des Dienstes beauftragen (Substitutionsprinzip).**

§ 18. Nebenpersonen.

1. **Gerichtsschreiber: bei jedem Gerichte besteht eine Gerichtsschreiberei unter einem Ersten Gerichtsschreiber (Obersekretär).**

a) **Befähigung** der Gerichtsschreiber ist landesrechtlich geregelt.

α) Wer das Einjährige hat, kann vom Oberlandesgerichtspräsidenten als **Justizanwärter** angenommen werden; nach drei Jahren ist am Oberlandesgerichte die Gerichtsschreiberprüfung abzulegen. Der Geprüfte wird als **Aktuar** gegen Diäten beschäftigt; später erfolgt die Anstellung als **Gerichtsschreiber** (bei der Staatsanwaltschaft: als Sekretär);

β) wer **Militäranwärter** ist, wird nach einer (leichteren) Prüfung **Diätar** und später als **Assistent** angestellt.

b) Die **Tätigkeit der Gerichtsschreiber** umfaßt namentlich:

α) **Registratur** (nur von den aus den Justizanwärtern hervorgegangenen Gerichtsschreibern wahrzunehmen): Unterbringung der Eingänge, Kontrolle und Vorlegen der Akten;

β) **Expedition:** Anlegen von Akten, Notieren von Fristen, Kostenrechnungen, Anfertigung gewisser Schreiben, Aufträge an die Kanzlei und Abnahme der Kanzleisachen;

γ) **Protokollführung,** Rechtskraftzeugnis, Vollstreckungsklausel, Zustellungen, Führung von öffentlichen Registern und Büchern.

δ) **Kalkulation.**

2. **Zustellungs- und Vollstreckungsbeamte** (Gerichtsvollzieher).

a) In **Preußen** sind sie seit dem 1. Oktober 1900 für den Amtsgerichtsbezirk oder kleinere Bezirke zuständig; sie sind gegen Gehalt angestellte Beamte und unterstehen der Aufsicht des Amtsrichters.

b) **Tätigkeit:** Zustellungen, Vollstreckungen, Wechselproteste.

§ 19. Rechtshilfe.

1. Alle deutschen Gerichte sind verpflichtet, einander in Zivil- und Strafsachen **Rechtshilfe** zu leisten:

a) wenn das ersuchte Gericht örtlich zuständig ist und die vorzunehmende Handlung nach dem Rechte des ersuchten Gerichtes nicht verboten ist;

b) wenn das im Instanzenzuge vorgesetzte Gericht darum ersucht.

2. Rechtshilfe leistet das **Amtsgericht** des Bezirkes, in dem die Amtshandlung vorgenommen werden soll (ersuchter Richter).

3. Ueber die Beschwerde wegen Ablehnung des Ersuchens oder wegen gesetzwidriger Stattgabe entscheidet das dem ersuchten Gerichte vorgesetzte **Oberlandesgericht**; gegen diese Entscheidung ist **Beschwerde** an das Reichsgericht zugelassen, wenn die Rechtshilfe für unzulässig erklärt wird und das ersuchende und ersuchte Gericht in verschiedenen Oberlandesgerichtsbezirken liegen.

4. Ein Gericht darf ohne Zustimmung des zuständigen Gerichtes nur dann außerhalb seines eigenen Bezirkes tätig sein, wenn **Gefahr im Verzuge** obwaltet.

§ 20. Grundlagen des Verfahrens.

I. Oeffentlichkeit.

1. Die **Verhandlung** vor dem erkennenden Gerichte einschließlich der Verkündung der Urteile und Beschlüsse ist in der Regel öffentlich.

a) Das **Urteil** ist immer öffentlich zu verkünden; (Revisionsgrund: wenn der Diener vergißt, die Tür für das Publikum zu öffnen).

b) Der Beschluß über die **Ausschließung** ist öffentlich unter Angabe des Grundes zu verkünden.

2. Der **Ausschluß der Oeffentlichkeit** erfolgt:

a) **notwendig:** in Entmündigungssachen;

b) **auf Antrag:**

α) in Ehesachen,

β) für die Verhandlung über die Ausschließung der Oeffentlichkeit;

c) **nach Ermessen des Gerichtes:**

α) bei Besorgnis einer Gefährdung der öffentlichen Ordnung, insbesondere der Staatssicherheit,

β) bei Besorgnis einer Gefährdung der Sittlichkeit.

3. **Wirkung der Ausschließung:**

a) **Abwesenheit des Publikums;** allerdings kann das Gericht einzelnen Personen den Zutritt gestatten; den Aufsichtsbeamten der Justizverwaltung darf der Zutritt nicht verboten werden.

b) Im Falle der Besorgnis der Gefährdung der **Staatssicherheit** kann silentium (Schweigegebot) angeordnet werden.

4. Der Zutritt ist sonst frei; er kann **versagt** werden:

a) Unerwachsenen,

b) Ehrverlustigen,

c) Personen, die in einer der Würde des Gerichtes nicht entsprechenden Weise erscheinen.

II. Die **Sitzungspolizei** wird vom Vorsitzenden oder dem amtierenden Einzelrichter wahrgenommen.

1. Gegenüber **Parteien**, Beschuldigten, Zeugen, Sachverständigen, Zuschauern ist zulässig:

a) bei **Ungehorsam**: Entfernung aus dem Sitzungszimmer, ev. Haft bis zu 24 Stunden; eine Beschwerde hiergegen ist nicht zugelassen;

b) bei **Ungebühr**: Ordnungsstrafe bis 100 Mk. oder bis 3 Tage Haft; es ist streitig, ob bei einer Geldordnungsstrafe eine Freiheitsstrafe substituiert werden darf.

α) **Beschwerde** binnen 1 Woche ohne aufschiebende Wirkung; ist dagegen die Beschwerde gegen den Einzelrichter gerichtet, so wirkt sie aufschiebend;

β) **keine Beschwerde**, wenn die Ordnungsstrafe vom Reichsgerichte oder Oberlandesgerichte festgesetzt.

γ) **Zuständigkeit** für die Beschwerde: Oberlandesgericht.

2. Gegenüber dem **Rechtsanwalt** oder Verteidiger bei Ungebühr in der Sitzung:

a) Ordnungsstrafe bis 100 Mark.

b) Beschwerde (ans Oberlandesgericht) hat aufschiebende Wirkung.

3. Bei Begehung eines **Deliktes** in der Sitzung findet Feststellung des Tatbestandes, Mitteilung des Protokolls an die zuständige Behörde, ev. vorläufige Festnahme statt.

4. Gegenüber dem amtierenden **Staatsanwalt** hat der Richter keine Diziplinargewalt; er kann lediglich vertagen und um einen anderen Staatsanwalt bitten.

III. Die **Gerichtssprache** ist deutsch: sind Personen nicht der deutschen Sprache mächtig oder taub oder stumm, ohne daß man mit ihnen sich schriftlich verständigen kann, so wird, zur Vermittelung des Verkehres des Richters mit diesen Personen, ein **Dolmetscher** vereidigt

IV. **Beratung und Abstimmung.**

1. Entscheiden dürfen nur die Richter in der gesetzlich bestimmten Anzahl; daher treten bei längeren Verhandlungen **Ergänzungsrichter** (=schöffen, =geschworene) ein, wenn sie von Anfang an der Verhandlung beigewohnt haben.

2. Die Beratung und Abstimmung ist **geheim**; der Vorsitzende darf nur den an demselben Gerichte zur juristischen Ausbildung beschäftigten Personen (Referendaren, Praktikanten) die Anwesenheit gestatten.

3. Der **Vorsitzende** leitet die Beratung und Abstimmung; die **Reihenfolge** bei letzterer bestimmt sich nach dem Dienstalter: Jüngster zuerst (ev. vor ihm Berichterstatter), Vorsitzender zuletzt; bei Schöffengericht und Kammer für Handelssachen geht es nach dem Lebensalter, Vorsitzender zuletzt. Geschworene: wie ausgelost, Obmann zuletzt.

4. Bei jeder **Meinungsverschiedenheit** wird abgestimmt; **Ueberstimmte** müssen weiter mitstimmen.

a) In der Regel wird **absolute** Majorität erfordert, dagegen bei der Schuldfrage zwei Drittelmajorität;

b) Bei mehr als zwei **Meinungen** über:

α) **Summen** werden die Stimmen für die höchste Summe der nächsten solange zugezählt, bis eine Majorität vorhanden ist,

β) **Strafsachen** (Schuldfrage ausgeschlossen, denn: ja oder nein): die Stimmen für die dem Angeklagten nachteiligste Meinung werden der nächsten solange zugezählt, bis eine Majorität vorhanden ist.

5. Die Richter sind nur dem **Gesetze** unterworfen; kein Zwang bei Beratung und Abstimmung; kein Zeugniszwang über Art und Zustandekommen eines Spruches.

V. Die **Gerichtsferien** bewirken eine Verlangsamung der Rechtspflege, da in den Ferien (15. Juli bis 15. September) Termine und Entscheidungen nur in Feriensachen stattfinden.

1. **Keine Ferien** bestehen für:

a) Mahnverfahren,
b) Zwangsvollstreckungsverfahren,
c) Konkursverfahren.

2. **Feriensachen** sind:

a) Strafsachen,
b) Arreste und einstweilige Verfügungen,
c) Meß- und Marktsachen,
d) Mietsstreitigkeiten,
e) Dienst- und Gewerbestreitigkeiten,
f) Wechselsachen,
g) Bausachen, wenn über die Fortsetzung eines bereits angefangenen Baus gestritten wird.

3. Auf **Antrag** kann das Gericht (ev. vorläufig der Vorsitzende) schleunige Sachen als Feriensachen bezeichnen.

4. Bei den Landgerichten werden **Ferienkammern**, bei den Oberlandesgerichten und dem Reichsgerichte Feriensenate gebildet.

A. W. Hayn's Erben, Berlin und Potsdam.

Kolibri 360 GmbH
Ferdinand-Jühlke-Straße 7
99095 Erfurt, Deutschland
produktsicherheit@kolibri360.de